Traumreisen zum Einschlafen für Kinder

Magische Gute-Nacht-Geschichten zum Entspannen und Einschlafen für kleine Abenteurer und Entdecker

Lorena Kibitz

Email: info@edition-lunerion.de
www.edition-lunerion.de

Psiana eCom UG
Berumer Str. 44
26844 Jemgum

INHALTSVERZEICHNIS

Vorwort

Ist das abendliche Zubettgehen ein ewiger Kampf und findet der Nachwuchs nur schwer in den Schlaf? Ist Ihr Kind im Alltag öfter reizbar, unruhig und unausgeglichen? Haben Sie das Gefühl, dass schon Ihr Kindergartenkind von Stress geplagt wird? Das ist heutzutage leider keine Seltenheit mehr und umso wichtiger ist es, aktiv gegenzusteuern. Wie das geht? Zum Beispiel ganz unkompliziert mit Traumreisen – der fantasievollen Auszeit, die Sie jederzeit aus dem Hut zaubern können!

Traumreisen sind ein kinderleichtes, spaßig-unbeschwertes und vielfach praxiserprobtes Mittel, um bewusst das Stresslevel zu senken und Entspannung herbeizuführen. Mit den altersgerecht formulierten geführten Fantasiereisen kann Ihr Kind abends gezielt abschalten und ruhig ins Land der Träume gleiten und auch tagsüber können Sie mit den Texten wie „Mein geheimer Garten“ oder „Dinoforscher“ die Alltagshektik einfach mal auf Pause schalten. Klappt das auch mit einem kleinen Zappelphilipp? Kein Problem. Die Traumreisen sind so konzipiert, dass Kinder ganz einfach folgen und sich darauf einlassen können und mit ein wenig Einübungszeit wird das Einschlafen so zur mühelosen Routine. Wie Sie das am besten gestalten, worauf es beim Vorlesen ankommt und wie die Ausflüge in die Fantasie eigentlich wirken, das erfahren Sie nun, viel Spaß dabei und für Ihre Kleinen die süßesten Träume!

Theorie: Traumreisen als stressabbauende Technik

Kinder haben Stress! Und das ist keine dahingesagte Floskel. Wissenschaftlich erwiesen werden Kinder gleichermaßen vom Schulstress, vom sozialen Stress, von allgemeinem Leistungsdruck und Stress, der aus eigenen hohen Ansprüchen entsteht, überflutet. So wollen Kinder bereits weit vor der Schule anderen Kindern und Erwachsenen gefallen. Sie müssen lernen, sich in der Krippe oder dem Kindergarten an eine große soziale Gruppe anzupassen und sich an Regeln zu halten. Kinder lernen bereits früher denn je, dass sie sich einfügen müssen oder aber Konsequenzen zu spüren bekommen.

Möglicherweise denken Sie jetzt, dass Kinder doch heutzutage nicht mehr körperlich gezüchtigt werden dürfen und die Konsequenzen deshalb doch nicht so schlimm sein können. Doch weit gefehlt: Denn eine mögliche soziale Ausgrenzung, die Kinder, die sich nicht anpassen, schon im Kindergarten erfahren müssen, kann ebenso schmerzhaft sein wie ein Klaps auf den Po. Mobbing ist in vielen Kindergärten keine Seltenheit mehr. Das Loslassen der Eltern

in sehr jungem Alter ist ebenfalls ein enormer Stressfaktor für unser Kind – auch, wenn es mitunter auf den ersten Blick nicht so scheinen mag. Schulkinder müssen zusätzlich ihre Aufmerksamkeit bündeln, sich konzentrieren und ihren Fokus auf etwas lenken, was sie möglicherweise gar nicht so sehr interessiert. Sie müssen still auf ihrem Stuhl sitzen und sich bereit machen, um Leistungen erbringen zu können, die Außenstehende benoten werden. All das ist Druck, der sich immer mehr im Körper aufbaut.

Die medialen Reize, denen Kinder heutzutage mehr denn je ausgesetzt sind, spielen eine weitere elementare Rolle. Denn auch, wenn Eltern die Zeit, in der ihre Kinder an der Konsole spielen, das Smartphone in der Hand halten oder vor dem Fernseher sitzen, als ruhig und entspannt empfinden, werden Kinder in solchen Zeiten enorm überreizt. Ihr Gehirn ist nahezu nicht in der Lage, die vielen Reize der technischen Geräte abzubauen. Das bekommen Eltern meistens spätestens dann zu spüren, wenn die mediale Zeit zu Ende ist. Kinder sind dann häufig genervt oder wütend oder aber schlichtweg überdreht. An dieser Stelle zeigt sich die Überreizung dann auch für Erwachsene. Und nicht nur das: Ärzte beobachten, dass Kinder im Laufe der Jahre immer früher und immer häufiger stressbedingte Schmerzen, wie zum Beispiel Kopf-, Ohren- oder Bauchschmerzen und Übelkeit, entwickeln. Es ist demnach nachgewiesen, dass Stress einen großen Einfluss auf unsere Kinder hat.

Doch wie können wir es schaffen, unseren Kindern in einer Welt, in der Leistungsdruck und Ellenbogenkämpfe vorherrschen, den Stress zu nehmen? Wie können wir ihnen Entlastung schenken und sie dennoch auf das vorbereiten, was kommt? Die traurige Antwort

lautet: Wir können es nur in sehr geringem Maße beeinflussen. Denn den Stress, den der Leistungsdruck, das soziale Umfeld und der eigene Anspruch des Kindes im Zusammenhang mit dem medialen Stress in Kindern auslöst, können wir nahezu nicht auslöschen. Wir haben jedoch die Möglichkeit, dem Stress gezielt entgegenzuwirken – indem wir unseren Kindern beibringen, ihm mit Entspannung zu begegnen. Wir geben unseren Kindern damit die Möglichkeit, die vielen stressbedingten Reize effektiv abzubauen und den Akku neu aufzuladen.

Die meisten von uns kennen den Begriff der Meditation. Doch ebenso wissen viele, dass es höchst anspruchsvoll ist, in einen vollkommen meditativen Zustand zu gelangen, in dem die Gedanken einfach nur fließen dürfen, ohne dass wir sie gezielt beeinflussen oder lenken. Ein Ist-Zustand soll herbeigeführt werden, in dem weder das Vergangene noch das Zukünftige eine Rolle spielt. Reize sollen lediglich wahrgenommen, aber nicht beurteilt werden. Für Kinder ist ein solcher Zustand ebenso schwierig wie für Erwachsene. Traumreisen sind eine wundervolle Methode, um dennoch in einen Zustand zu gelangen, der dem meditativen Zustand sehr nahekommt. Ähnlich wie beim Vorlesen einer Geschichte haben Kinder die Möglichkeit, den gelesenen Worten zu lauschen, Bilder im Kopf entstehen zu lassen und vollkommen in der Geschichte zu versinken. Dennoch unterscheiden sich Traumreisen von normalen Vorlesegeschichten. Sie sind so konzipiert, dass das Kind seine Vorstellungskraft ganz bewusst aktiviert. So werden gezielt die Sinne angesprochen und das Kind ist als Hauptperson auf einer solchen Reise selbst unterwegs. Es sieht, hört, riecht und schmeckt in seiner

Fantasie, es lässt Traumbilder entstehen und erfährt Neues – und das ganz ohne ablenkende Reize. In Momenten der Traumreise hat das Kind die Chance, sich gezielt von seinem Alltag abzukoppeln und sich neue Ruheinseln zu schaffen. In dieser Zeit findet auch auf körperlicher Ebene ein Stressabbau statt. Der Körper wird von Glückshormonen geflutet, die Stresshormone werden verdrängt. Ähnlich wie das Aufladen eines Akkus wirken diese positiven Hormone auf den Körper. Nach einer Traumreise ist ein Kind dementsprechend wieder aufnahmefähiger, konzentrations- und lernbereiter, als wenn der Akku entladen wäre.

Mit Traumreisen schaffen wir in jedem Alltag einen Gegenpol zum Stress, der dauerhaft auf das Kind einwirkt. Wählen Sie mit Ihrem Kind Zeitpunkte aus, in denen es besonders gestresst wirkt, und schenken Sie ihm Auszeiten am Tag, um zur Ruhe zu kommen, damit es den Rest des Tages mit neuer Energie erfahren darf. Dieses Buch bietet Ihnen jedoch eine weitere Form der Traumreisen. Denn auch als Einschlafhilfe bieten sich Gedankenreisen hervorragend an. Die Traumreisen, die dieses Buch umfasst, dienen extra diesem Zweck. Sie sind länger als normale Traumreisen, sodass das Kind im Bett liegen und lauschen kann, bis es eingeschlafen ist. Der Tag wird am Anfang einer jeden Reise verabschiedet, um einen runden Abschluss zu schaffen. Das Kind darf erfahren, dass es an dem vergangenen Tag nichts mehr ändern kann und dass es jetzt nicht mehr grübeln muss. Der Stress darf weichen und es darf ganz einfach lauschen und sich im Hier und Jetzt befinden – vollkommen ohne den bekannten Leistungsdruck, unter dem es den Tag über gestanden hat. Anschließend wird es in eine fremde Welt geführt, die es sich

ganz nach eigenem Ermessen ausmalen darf. Es darf in dieser Welt versinken und sich ihr vollkommen hingeben. Eine solche Traumreise kann sehr gut dabei helfen, das Kind zum Tagesabschluss effektiv zu entspannen, damit es leichter und schneller einschläft. Dies ist jedoch nicht immer sofort der Fall. Gerade am Anfang ist es möglich, dass Ihr Kind sich erst einmal an diese Form des Stressabbaus gewöhnen muss und ein wenig Zeit braucht, um sich vollkommen darauf einzulassen.

Doch auch, wenn Ihr Kind nicht unmittelbar bei der Reise einschläft, wird sie ihm helfen, zur Ruhe zu kommen und leicht und frei zu werden. Sie können Ihr Kind bei diesem Prozess unterstützen. Hierfür sollten Sie einige Bedingungen schaffen, damit die Reise bestmöglich wirken kann. Zunächst sollten äußere Reize vollkommen abgestellt sein. Sorgen Sie dafür, dass Sie während der Traumreise nicht gestört werden. Bitten Sie auch um Ruhe in den umliegenden Räumen, damit Ihr Kind sich gut entspannen kann. Da Ihr Kind bei der Reise im besten Falle einschlafen sollte, sollte es bereits im Bett liegen und schlafbereit sein. Das Licht sollte gedimmt oder ausgeschaltet sein – je nachdem, wie Ihr Kind sich beim Einschlafen am wohlsten fühlt. Wenn Sie mögen, können Sie ganz leise Naturklänge oder meditative Musik im Hintergrund laufen lassen. Keinesfalls jedoch sollte Alltagsmusik aus der Anlage kommen. Mit diesem Buch haben Sie die darin enthaltenen Einschlafreisen als Hörerlebnis gekauft. In diesen sind passende Hintergrundklänge bereits eingearbeitet. Scannen Sie hierfür einfach den QR-Code und schon kann die Reise losgehen.

Sie haben die Möglichkeit, meditative Zustände mit Duftstoffen zu verstärken. Hierfür gibt es entspannende aromatische Zusammensetzungen, die Sie versprühen oder aufträufeln können. Sollten Sie darauf zurückgreifen, sollten diese jedoch sehr dosiert angewendet werden, da Kinder einen deutlich empfindlicheren Geruchssinn haben als Erwachsene. Wenn Sie sich nicht sicher sind, ob und wie Sie solche Düfte einsetzen sollten, informieren Sie sich gerne in Ihrer zuständigen Apotheke oder bei einem Heilpraktiker Ihres Vertrauens.

Wenn Sie selbst vorlesen wollen:

Ist Ihr Kind schlafbereit, setzen Sie sich gerne an seine Seite. Ob Sie Körperkontakt haben oder wie groß der Abstand zu Ihrem Kind ist, bleibt Ihnen dabei überlassen. Beobachten Sie Ihr Kind während der Reise, um herauszufinden, ob es das Halten der Hand oder das Streicheln über den Kopf genießt oder ob es ein wenig mehr Abstand braucht. Sie werden an der Körperhaltung erkennen, was es favorisiert. Wenn Ihr Kind bereits alt genug ist, können Sie auch gerne danach fragen.

Sobald Ihr Kind ruhig liegt, beginnen Sie mit dem Vorlesen oder Abspielen der Traumreise. Diese sollte ruhig und langsam gelesen werden. Anders als bei normalen Vorlesegeschichten heben Sie die Stimme und den Tonfall ganz bewusst nicht. Sie wollen erzielen, dass Ihr Kind sich vollkommen entspannt und eine Dynamik in Stimme und Lautstärke würde diesem entgegenwirken. Wenn Sie sich für das Selbstlesen entscheiden, hören Sie sich doch gerne dennoch vorher einmal die Lesungen des integrierten Hörbuchs über

den QR-Code an. So bekommen Sie einen besonders guten Eindruck, wie das Lesen einer Reise wirken sollte. In einigen Reisen wird Ihr Kind aufgefordert werden, sich ein bestimmtes Bild besonders intensiv auszumalen, einige Male tief durchzuatmen oder gezielte Körperstellen zu spüren. In diesem Fall lassen Sie beim Vorlesen längere Pausen, damit Ihr Kind die Chance hat, dies auch zu tun. Hilfreich ist es, wenn Sie die kurzen Übungen selbst gedanklich durchführen oder die Bilder ebenfalls in Ihrem Kopf entstehen lassen. So bekommen Sie ein gutes Gefühl dafür, wie lang die entsprechenden Pausen sein sollten.

Während Sie lesen, sollten Sie gut auf Ihr Kind achten. Ist es sehr unruhig, sind die Lesepausen möglicherweise zu lang oder Sie lesen noch zu dynamisch. Versuchen Sie in diesem Fall, die Ruhe durch Ihre Worte auf Ihr Kind übergehen zu lassen. Lesen Sie mit leiserer Stimme, um Ihr Kind noch mehr zu beruhigen und es zum Lauschen zu animieren. Unterbrechen Sie die Reise bitte nie, indem Sie darum bitten, dass Ihr Kind ruhig liegen möge oder die Augen schließen solle. In der Regel finden Kinder ihre eigene Ruheposition am besten. Auch, wenn Ihr Kind sich aufsetzen sollte, kann dies die Position sein, in der es sich am wohlsten fühlt. Sie selbst werden spüren, ob Ihr Kind gedanklich bei der Reise ist oder ob es abgelenkt ist und schwer zur Ruhe kommt. Sollte dies der Fall sein, besprechen Sie gerne am folgenden Tag, was Sie verändern könnten, damit es leichter zur Ruhe kommen kann. Sie werden spüren, dass Sie beide zu mehr Routine und Entspannung gelangen können, je mehr Traumreisen Sie durchführen.

Versuchen Sie keinesfalls, Entspannung zu erzwingen, sondern lassen Sie sich auf einen gemeinsamen Lernprozess ein – so werden Sie sehr viel schneller den gewünschten Effekt erzielen können.

Vielen Dank, dass Sie sich entschieden haben, Ihrem Kind durch kindliche Entspannungstechniken aus dem Kreislauf des Stresses herauszuhelfen. Es wird sein ganzes Leben lang von der Fähigkeit profitieren können, seine Akkus in besonders stressigen Zeiten wieder vollkommen aufzuladen, um glücklicher, ausgeglichener und achtsamer durchs Leben zu gehen.

Ich wünsche Ihnen einen wundervollen, fantastischen und entspannten gemeinsamen Start.

Von der Theorie zur Praxis

Traumreisen für Kinder

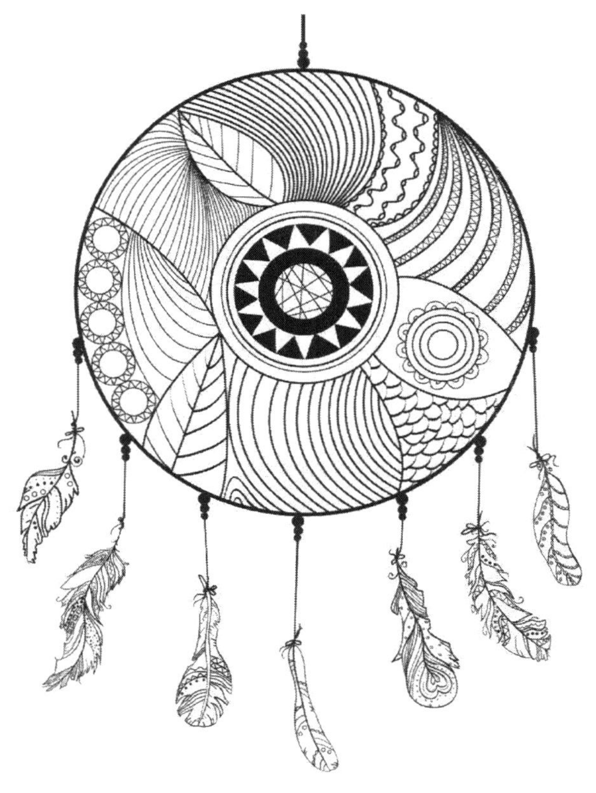

DEIN GANZ EIGENER ZAUBERWALD

Der Tag ist vergangen. Du liegst ganz ruhig in deinem Bett und fühlst dich schon herrlich schläfrig. Lasse das Gefühl der Ruhe deinen ganzen Körper durchfluten. Dabei werden deine Arme und Beine herrlich schwer und dein Körper ist ganz muckelig warm in deine Decke eingekuschelt. Spüre, wie du langsam ein- und ausatmest und mit jedem Atemzug ruhig und ruhiger wirst.

Lass uns nun gemeinsam deine Gedanken auf eine wunderbare Reise schicken. Stell dir dafür vor, wie du aus dem Bett heraussteigst und durch dein Zimmer gehst. Du wanderst ruhig und langsam durch dein Zuhause in Richtung Haustür. Stell dir die Zimmer und den Flur vor, durch welche du in diesem Moment gehst. Wenn du an der Haustür angekommen bist, darfst du sie in deinen Gedanken öffnen und hinausgehen. Vielleicht trägst du ein Kuscheltier bei dir, welches mit dir zusammen spazieren geht? Oder aber ein besonderes Spielzeug ist an deiner Seite und begleitet dich, wenn du magst.

Gehe weiter und lasse dein Zuhause für diese Reise hinter dir. Lasse es langsam in der Ferne verschwinden. Auch die anderen Häuser, an denen du gerade vorbeispazierst, verschwinden. Statt der Häuser lasse wunderschöne Bäume neben dir entstehen. Du darfst ganz alleine entscheiden, ob deine Bäume grüne Blätter tragen, rote, gelbe oder kunterbunte. Es sind deine ganz eigenen Bäume.

Sieh dir deine Bäume einmal ganz genau an. Kannst du die Blätter, die du gezaubert hast, riechen? Welcher Geruch passt am besten zu deinen Zauberbäumen? Atme den Geruch einige Male ganz bewusst, ganz tief ein. Hörst du, wie der seichte Abendwind langsam durch die Blätter deiner Zauberbäume raschelt? Lausche für einen kurzen Moment dem Rascheln in den Blättern. Spüre, wie dich die Farben, der Geruch und der Klang deiner Zauberbäume ganz und gar entspannen. Sie geben dir Sicherheit, weil du es bist, der sie erschaffen hat.

Deine Bäume sind aus einem ganz bestimmten Grund hier. Denn, wie jeder Zauberbaum, den du kennst, haben sie ganz besondere Fähigkeiten. Deine Zauberbäume haben die Aufgabe, mit dir gemeinsam den heutigen Tag zu verabschieden. Sieh, der Baum an deiner Seite streckt dir einen seiner unteren Zweige entgegen. Er wartet darauf, von dir zu erfahren, wie dein Tag heute gewesen ist.

Lasse einen Moment des Tages in deinem Kopf entstehen. Male ihn in deinen Gedanken auf ein Bild, welches du dem Baum anschließend reichen kannst. Male dir zuerst einen Moment aus, in dem du dich heute nicht besonders wohlgefühlt hast. Vielleicht warst du traurig oder wütend, ängstlich oder schüchtern? Stelle dir den Moment vor, in dem du dich so gefühlt hast. Male ihn in deinen Gedanken auf ein Papier und reiche ihm dem Baum in den Zweig, den er dir entgegenhält. Schaue zu, wie der Baum dein Bild hoch und höher und immer höher zu anderen Zweigen hinaufreicht. Siehe, wie dein Bild langsam in der Baumkrone verschwindet, bis es nicht mehr zu sehen ist. Dein Baum passt gut darauf auf, sodass du es für heute loslassen darfst.

Dieses Bild steht für alle Momente, in denen du dich heute nicht so gut gefühlt hast. Der Tag ist vergangen und all diese Momente werden sicher von deinem Zauberbaum gehalten. Als Nächstes Bild malst du einen Moment, in dem du dich sehr, sehr gut gefühlt hast. Vielleicht warst du besonders glücklich oder stolz. Stelle dir diesen Augenblick ganz genau vor und lasse ihn auf deinem Gedankenbild entstehen. Schaue dir dein Bild noch einmal gut an, wenn es fertig ist. Es steht für alle Momente, in denen du dich heute richtig gut gefühlt hast. Gib dein Bild ebenfalls dem Baum. Es wandert hoch und höher und immer höher und ist schließlich ebenfalls in der Baumkrone verschwunden. Du weißt, dass dein Bild noch immer da ist. Aber in diesem Moment darfst du auch die Augenblicke des Glücks loslassen.

Spüre, wie du dich ganz frei fühlst, und lasse als Nächstes die Straße, an der du gerade unterwegs bist, verschwinden. Lasse wunderschönes, weiches Gras aus ihr herauswachsen, bis der Boden vom Gras überwuchert ist. Welche Farbe hat das Gras, welches um deine Zauberbäume herum wächst? Ist es saftig grün, wie du es kennst? Oder wächst es in einer anderen Farbe deiner Wahl? Wenn du magst, dürfen die einzelnen Grashalme auch ganz unterschiedliche Farben haben, sodass es kunterbunt aus dem Boden herauswächst. Lass die Grashalme so hoch wachsen, dass sie sich ganz weich und kuschelig unter deinen Füßen anfühlen.

Wenn du magst, ziehe auch deine Schuhe und Socken aus, um barfuß herumzuspazie-ren. Spüre doch einen Moment lang, wie sich das Gras unter deinen Füßen und zwischen deinen Fingern anfühlt. Spürst du, wie weich und schön es sich anfühlt?

Vielleicht kitzelt es dich ein ganz klein wenig. Doch es ist ein angenehmes Kitzeln, welches du genießt und welches dir eine leichte Gänsehaut über den Körper wandern lässt. Wenn du lange genug gespürt hast, wie sich das Gras anfühlt, stelle dich wieder hin. Als Nächstes führt dein Weg dich nämlich in den Zauberwald hinein, den du ganz alleine geschaffen hast. Siehst du, wie lauter Zauberbäume vor deinen Augen entstehen? Sie ragen in die Höhe und du weißt, dass du ihnen vollkommen vertrauen kannst. Gehe einen ersten Schritt in deinen Wald hinein. Siehst du, wie es um dich herum gleich einen Hauch dunkler wird? Du darfst deinen Wald so hell werden lassen, wie du dich wohlfühlst.

Hänge in Gedanken hierfür kleine, leuchtende Lichterperlen an deine Zauberbäume. Sieh sie dir genau an. Wie tausende, schimmernde Regentropfen hängen sie in den Zweigen deiner Bäume und machen deinen Zauberwald genauso hell, wie du ihn gerne magst. Gehe nun noch ein wenig weiter in den Wald hinein. Lausche dem Klang deines Waldes für einen Moment. Du hörst das bekannte Rascheln der Blätter im Abendwind. Welche Waldtiere kannst du um dich herum hören? Sind da die leisen Gesänge von Vögeln, die du noch nie zuvor gesehen hast? Singen sie dir ein ganz besonderes Gute-Nacht-Lied?

Vielleicht kannst du auch das Schaben von zauberhaften Rehen hören, welche auf dem Boden nach etwas Essbarem suchen. Sind es magische Rehe, denen abends Flügel wachsen, mit denen sie hoch in deine Zauberbäume fliegen, um die schönsten Blätter aus der Baumkrone zu suchen? Vielleicht kannst du auch das Flirren der Flügel von wunderschönen Glühwürmchen erkennen.

Hör einmal ganz genau hin. Siehst du in der Ferne, wie einige der magischen Glühwürmchen auf dich zufliegen? Es sieht fast so aus, als würden sie in der Dunkelheit für dich tanzen. Schau ihnen bei ihrer magischen Vorführung zu. Immer wieder vermischt sich das sanfte Leuchten der kleinen Tiere mit den magischen Lichtperlen deiner Zauberbäume. Sie fliegen auf und nieder, rechts- und linksherum und kommen in wunderschönen Wellenbewegungen auf dich zu. Als deine Glühwürmchen bei dir ankommen, umrunden sie dich mit ihrem wunderschönen, leuchtenden Lichtzauber.

Drehe dich einmal gemeinsam mit ihnen im Kreis und spüre, wie die wogenden Bewegungen auf dich einschwappen und dich ganz ruhig machen. Du weißt, dass alles um dich herum gut ist, weil deine Glühwürmchen in deinem Zauberwald einen zauberhaften Tanz für dich ganz allein aufführen. Winke deinen Glühwürmchen zu, die langsam in der Ferne verschwinden. Siehe ihnen noch einen winzigen Moment hinterher und atme einige Male tief ein und aus, bevor du deinen Zauberwald weiterentdeckst. Lasse den Duft deines Waldes dabei in deine Nase hineingleiten.

Ein … und aus … was riechst du? Und ein … und aus … ist es ein blumiger oder ein erdiger Duft? Und ein letztes Mal ein … und aus … dein Zauberwaldduft ist nun tief in dir, wenn du weitergehst. Er erfüllt dich mit einem Gefühl des Wohlseins und mit tiefem, innerem Frieden. Geh nun noch ein Stückchen weiter. Auf deinem Weg begegnest du einigen Geschöpfen, die du in deinem Kopf entstehen lässt. Sie dürfen ganz und gar magisch sein. Sie dürfen wuscheliges Fell haben oder glatte Haut, deine magischen Geschöpfe dürfen in allen Farben des Regenbogens schimmern.

Wenn du magst, darfst du auch durchsichtigen Geschöpfen begegnen. Bei ihnen spürst du lediglich, dass sie an deiner Seite sind, ohne dass du sie siehst. Gehe an all den Geschöpfen, die du entstehen lässt, vorbei. Wenn du magst, darfst du sie auch kurz anfassen. Nimm dir Zeit, um alles entstehen zu lassen, was du schon einmal sehen wolltest. Vielleicht trägst du noch immer dein Kuscheltier oder dein Spielzeug bei dir. Halte es dann weiterhin gerne fest, während du weiter und weiter an deinen magischen Tieren vorbeigehst. Wenn du genug Tiere erschaffen hast, lasse sie langsam hinter dir. Du weißt, dass sie dir später den Weg aus dem Wald weisen werden. Doch eines möchtest du noch entdecken. Denn direkt vor dir siehst du eine Quelle aus Licht.

Gehe näher heran und schaue sie dir ganz genau an. Siehst du, wie das Licht in weichen Wogen von oben herabgleitet? Versuche, zu erkennen, wo es herkommt, indem du den Kopf in den Nacken legst. Du kannst nicht entdecken, von wo aus das Licht fließt. Ob es möglicherweise das Sonnenlicht ist, welches abends in die Quelle deines magischen Waldes hineinfließt? Gehe ein wenig dichter an das Licht heran. Es fällt sanft in einen kleinen Teich direkt vor dir. Der Teich aus Licht leuchtet in einem angenehmen Weiß vor deinen Augen. Er sieht ganz rein und frisch aus. Forme deine Hände zu einer kleinen Schale und schöpfe ein wenig Licht aus dem Teich heraus. Führe deine Hände nun zu deinem Mund und schlürfe ein wenig des Lichtes. Wie schmeckt es in deinem Mund? Ist es süß oder salzig? Schmeckt es nach deinem allerliebsten Essen oder nach einer zauberhaften Süßigkeit? Welche Temperatur hat das Licht in deinem Mund? Ist es kühl oder ganz mollig warm?

Behalte das Licht einen Augenblick lang in deinem Mund, bevor du es runterschluckst. Nimm anschließend einen zweiten Schluck. Vielleicht hat sich der Geschmack des Lichtes jetzt ein wenig verändert? Stelle dir auch den zweiten Schluck gut vor, bevor du ihn hinunterschluckst. Nimm nun einen letzten Schluck des Sonnenlichtes. Spüre, wie es dich noch wohliger und ruhiger macht.

Du bist nun vollkommen entspannt. Am liebsten würdest du gleich hier ein Nickerchen machen. Doch natürlich weißt du, dass es langsam Zeit ist, nach Hause in dein warmes, molliges Bettchen zurückzukriechen. Du weißt aber auch, dass du viel zu schläfrig bist, um den Weg durch den Wald zurückzugehen. Weil du in einem Zauberwald bist, kommt genau in diesem Moment ein großes, wunderschönes Tier auf dich zu. Stelle dir vor, wie dich dein magisches Tier mit vertrauensvollen Augen ansieht. Du weißt, dass es extra hier ist, um dich zu deinem Zuhause zurückzutragen.

Langsam kommt es näher zu dir und legt sich in das Gras, das deine Zauberfarbe trägt. Müde, aber glücklich krabbelst du auf den Rücken deines Wesens. Es hat ganz flauschiges Fell, in das du dich in diesem Moment hineinkuscheln kannst. Spüre, wie es warm und weich unter deinem Körper ist. Als das Tier losgeht, lässt du die Quelle aus Licht hinter dir. Ihr kommt an all den magischen Wesen vorbei, die du in deinen Gedanken erschaffen hast. Als du sie ansiehst und hinter dir zurücklässt, kannst du kaum noch die Augen offenhalten. Natürlich kommt ihr auch an den Glühwürmchen vorbei. Fast sieht es so aus, als würde sich der Lichterschwarm vor dir verbeugen.

Du spürst das sanfte Schaukeln deines magischen Tieres unter dir. Du spürst ebenfalls den kräftigen Herzschlag und die tiefe Atmung des Tieres. Langsam fallen deine Augen zu. Spüre nur noch, wie du sanft hin- und hergeschaukelt wirst. Als das Tier sachte anhält, lässt es dich ganz vorsichtig in dein Bett hineingleiten. Du schaffst es nicht mehr, die Augen zu öffnen. Viel zu müde bist du von deiner zauberhaften Reise.

Sanft liegst du nun wieder in deinem Bett. Dein Kopf ruht auf deinem wunderschönen, weichen Kissen und die Decke hüllt dich in ihre sanfte Wärme. Du fühlst dich warm und geborgen. Und auch, wenn du in diesem Moment wieder in deinem Bett liegst, weißt du, dass nicht weit entfernt ein Zauberwald versteckt ist. Er gehört dir ganz allein und du darfst ihn immer dann hervorzaubern, wenn dir danach ist. Spüre noch ein letztes Mal den warmen Atem deines magischen Wesens, bevor es in den Zauberwald zurückläuft. Auch dieses Wesen wird im Wald auf dich warten und dich zurück in dein Bett tragen, wann immer du es im Zauberwald besucht hast. Versinke nun in wunderschönen Träumen, in denen du all die Wesen, die du erschaffen hast, besuchen darfst.

Gute Nacht, träume etwas Zauberhaftes.

AUF VERTRAUTER SAFARI

Es ist Abend geworden und die Schatten haben das Licht zugedeckt. Stelle dir vor, wie das Licht, das dich am Tag begleitet hat, sich wunderbar weich in die Schatten des Abends einkuschelt. Siehst du, wie es sich wohlig niederlegt und jetzt, ganz genau wie du, schlafen gehen möchte?

Kuschele auch du dich noch ein wenig mehr in deine Decke ein. Vielleicht magst du dich noch ein bisschen zurechtruckeln, bis du wirklich ganz und gar bequem liegst. Spüre, wie die Matratze unter deinem Körper ganz weich ist. Dein Körper sackt ganz genau so tief ein, wie es sich gut anfühlt. Spüre auch einmal das Kissen, welches unter deinem Kopf liegt und in das dein Kopf sich ganz bequem hineinlegen kann. Fühle als Letztes, wie die Decke deinen Körper zudeckt. Sie liegt gleichzeitig warm und angenehm schwer auf jedem Körperteil, den sie bedeckt.

Das Bett um dich herum lässt dich genauso zur Ruhe kommen, wie die abendlichen Schatten das Licht zur Ruhe kommen lassen. Lasse nun einen Gedankenzug in deinem Kopf entstehen. Es ist ein Zug, der den heutigen Tag noch einmal an dir vorbeifahren lässt. Sieh die Menschen und Tiere an, denen du heute begegnet bist. Sie sitzen in deinem Gedankenzug und winken dir aus der Ferne zu. Vielleicht sind einige Menschen dort, die du nicht ganz so gerne magst und auf die du heute getroffen bist.

Ganz bestimmt sitzen dort aber auch viele Menschen, mit denen du heute zusammen gelacht hast, mit denen du schöne Gespräche hattest und die dir Mut gemacht haben. Winke auch du ihnen gedanklich zu. Aus den nächsten Waggons erklingen Töne, die dir nicht so gut gefallen. Sie klingen in deinen Ohren nach den Augenblicken des Tages, die dir keinen Spaß gemacht haben. Vielleicht hast du dich mit jemandem gestritten oder jemand hat etwas Gemeines zu dir gesagt. Vielleicht hast du auch geweint oder geschrien. Diese Töne fahren an dir vorbei. Sie sind vergangen. Und auch, wenn es noch etwas zu klären gibt, ist das heute Abend nicht mehr wichtig. Dafür hast du morgen noch genug Zeit.

In diesem Moment ist der Waggon mit den unschönen Tönen fortgefahren. Stattdessen zieht der Zug nun einen Waggon mit ganz zauberhaften Lauten hinterher. Es ist das Lachen und das Jauchzen des Tages. Es ist der Klang von Freude und Kraft und Stärke, der an dir vorbeifährt. Bestimmt haben diejenigen, die in diesem Waggon sitzen, eine ganze Menge Spaß. Die Momente, die heute ganz besonders schön gewesen sind, ziehen langsam an dir vorbei. Schaue deinem Tageszug noch einen Moment lang hinterher. Siehst du, wie er in der Ferne verschwindet? Der Tag ist vergangen und alles, was geschehen ist, ist heute Abend nicht mehr wichtig. Winke deinem Zug noch einen Moment lang hinterher. Spüre, wie hinter dir auf den Schienen ein weiterer Zug heranrollt. Siehst du, wie er langsamer wird, als er auf dich zukommt?

Neben dir bleibt er stehen und öffnet seine Türen. Steige in den Zug ein und sieh, wie sich die Türen vor deinen Augen schließen. Setze dich auf einen der Sitzplätze.

Spürst du, wie der Zug langsam losrollt und dich in eine ferne Welt mitnimmt? Schaue dir doch einmal ganz genau das Muster des Stoffes an, mit dem der Sitz bezogen ist, auf dem du Platz genommen hast. Siehst du die vielen kleinen, aufgestickten Löwen? Ihre Mähnen umrahmen die mächtigen Köpfe. Wirf nun einen Blick auf den Sitz neben dir. Ganz genau erkennst du die Giraffen mit den langen Hälsen, die im Stoff des Sitzes verwoben sind. Auf dem nächsten Sitz erkennst du die Elefanten an den langen Rüsseln und großen Ohren. Und noch bevor du erkennen kannst, welche Tiere sich auf die anderen Sitze des Zuges verirrt haben, bleibt dein Zug mit einem sanften Ruckeln stehen.

Schaue doch einmal aus dem Fenster. Erstaunt stellst du fest, dass du ganz besonders weit gefahren sein musst. Denn als der Zug vollkommen zum Stehen kommt und seine Türen öffnet, siehst du keineswegs deine gewohnte Umgebung. Stattdessen erkennst du den sandigen Boden und du spürst die warme Luft, die prompt den Zug durchströmt. Stehe von deinem Sitz auf und gehe langsam zur geöffneten Tür. Riechst du die staubige Luft? Sie riecht ganz trocken und fühlt sich ganz warm an, als du sie einatmest. Siehst du den strahlenden Abendhimmel über dir? Er scheint in ein warmes Rotorange getaucht worden zu sein. Vor dir erstreckt sich die weite sandige Landschaft der Steppe, in die dich dein Zug gebracht hat.

Setze einen Fuß nach draußen, um zu schauen, was dich erwartet. Du weißt genau, dass dein Zug hier auf dich warten wird, wenn du von deiner Reise zurückkommst. Er wird dich später ganz sicher nach Hause zurückbringen. Doch in diesem Moment darfst du ihn hinter dir lassen. Denn vor dir steht ein hohes Auto.

Hinten ist eine Ladefläche, auf die du aufsteigst. Sie ist umgittert, sodass du ein wenig wie in einem offenen Käfig sitzt, als das große Auto ratternd losfährt. Du fühlst dich vollkommen sicher, weil die Gitterstäbe schützend um dich herumgebaut sind. Du fährst eine Weile und entdeckst hohe Bäume in der Ferne. Der Boden staubt hinter dem Auto, doch du siehst das Wasser, welches die Bäume im sandigen Boden umspült. Offenbar fährst du mitten auf eine Oase zu – eine Wasserstelle in der sandigen Wüste.

Und natürlich weißt du schon jetzt, dass du in der Oase nicht alleine sein wirst. Denn jedes Tier, welches in dieser Wüste lebt, sucht den Wasserplatz auf, um zu trinken und um Schatten in der Abendsonne zu finden. Erinnere dich an das Tier, welches du als Erstes auf dem Sitz deines Zuges gesehen hast. Es hatte eine mächtige Mähne. Siehst du, wie der Löwe, der eben noch in den Stoff genäht war, vor deinen Augen Wirklichkeit wird? Er liegt mit erhobenem Kopf auf einem Felsen, der vom Schatten eines Baumes geschützt ist. Fahre näher heran, bis du neben dem mächtigen Tier bist. Schaue dir den Löwen ganz genau an. Siehst du, wie er dich mit seinen treuen Augen mustert? Mit kraftvollen Bewegungen erhebt sich das königliche Tier und kommt langsam auf dich zu.

Du weißt, dass die Gitterstäbe um dich herum den Löwen daran hindern werden, zu dir ins Auto zu steigen. Und dennoch stehst du auf der Ladefläche auf und gehst dichter an die Stäbe heran. Du möchtest das erhabene Tier unbedingt ganz aus der Nähe sehen. Langsam stellt sich der Löwe auf die Hinterbeine und legt seine großen Pranken an die Seite des großen Autos. Er sieht dich mit seinen großen, braunen Augen an und fast fühlt es sich so an, als würde der Löwe dir voll und ganz vertrauen. Einen Moment bleibt ihr ganz genau so: du im Auto und der Löwe aufrechtstehend davor. Siehst du, wie das Tier seinen Kopf mit der wuscheligen Mähne gegen die Gitterstäbe drückt? Wenn du es richtig erkennst, möchte er gestreichelt werden. Hebe langsam deine Hand und beobachte, wie der Löwe dir vertrauensvoll zublickt.

Strecke die Hand langsam durch die Gitterstäbe hindurch und spüre das weiche Fell des großen Tieres vor dir. Streichle mit deinen Fingern durch das Fell und spüre, wie ihr mehr und mehr Vertrauen zueinander aufbaut. Siehst du, wie der Löwe langsam das Maul öffnet und wie seine Zunge hinausgleitet? Mit gleichmäßigen Bewegungen leckt der Löwe deine Hand ab. Es fühlt sich rau und dennoch ganz sanft an. Spüre einen Moment diese tiefe Vertrautheit, die sich zwischen euch aufbaut. Du bekommst das Gefühl, dass ihr wahre Freunde sein könntet.

Einen Moment später sinkt der Löwe zurück auf seine vier Beine. Er dreht sich mit einem letzten intensiven Blick in deine Richtung wieder zurück zu seinem Felsen, steigt hinauf und legt sich hin. Winke deinem Löwen zum Abschied, als das Auto ruckelnd wieder losfährt. Noch immer spürst du das Prickeln der Zunge des Löwen auf deiner Hand. Doch als du noch gar nicht lange gefahren bist, erkennst du in der Ferne der Steppe Köpfe, die in den Himmel ragen. Als du näherkommst, siehst du, dass die Köpfe oben auf langen, langen Hälsen sind. Es sind die Giraffen, die du vor kurzem noch im Stoff deines Nachbarsitzes entdeckt hattest.

Du fährst dichter und dichter heran. Und noch bevor du an die Gitterstäbe herangehst, streckt eine der Giraffen ihren kleinen Kopf durch die Gitter zu dir hinein. Du lachst auf, als das wunderschöne Tier mit seinem Maul an deinen Haaren zuppelt. Ob es dich mit einem Baum verwechselt, dessen Blätter es gerne futtern möchte?

Sanft schiebst du den Kopf des Tieres von dir und schaust der Giraffe in die großen, sanften Augen. Ebenso, wie die Augen des Löwen, sind die der Giraffe in einem dunklen Braunton. Lange Wimpern umspielen die Augen und die Giraffe scheint dir mit ihrem Blick zu sagen, dass du ihr vertrauen kannst. Streichle mit den Händen, die den Kopf der Giraffe festhalten, über ihr Gesicht. Spürst du, wie das Tier seinen Kopf tiefer in deine Hände sinken lässt? Offenbar genießt es die Streicheleinheiten und wünscht sich noch mehr davon. Spüre, wie auch du unter den streichelnden Bewegungen deiner eigenen Hände ganz ruhig und entspannt wirst. Fühlt es sich nicht großartig an, wie viel Vertrauen die Giraffe zu dir hat? In diesem Moment löst sich die Giraffe von deinen Händen.

Doch anstatt sich zurückzuziehen, legt sie ihren großen Kopf an deine Wange. Spüre die warme Atmung der Giraffe, mit der sie dein Gesicht streichelt. Schließe für einen Moment die Augen, um diesen Augenblick vollkommen zu genießen. Und noch während du deinen Kopf an dem der Giraffe liegen hast, umschließt ein langer Rüssel deinen Körper sanft von hinten. Du drehst dich zu dem riesigen Tier um, welches nun auf Augenhöhe mit dir ist. Die Giraffe zieht langsam ihren Kopf aus den Gitterstäben heraus, denn jetzt ist es Zeit, dass du den Elefanten kennenlernst, den du vorhin auf dem dritten Sitz deines Zuges erkannt hast. Die Giraffe geht einige

Schritte rückwärts und legt sich in die Schatten der Felsen, die die Steppe umgeben. Ihr Kopf sinkt langsam auf den Boden und sie sieht dir und dem Elefanten aus der Ferne zu.

Noch immer hält das große, graue Tier dich mit seinem Rüssel umschlungen. Doch es fühlt sich keinesfalls zu fest, sondern genau richtig an. Der Kopf des Elefanten ist, ebenso wie der des Löwen, viel zu groß, um zwischen den Gitterstäben hindurchzupassen. Doch während du in die gräulichen Augen des Dickhäuters siehst, lässt du deine Hände am kühlen, kräftigen Rüssel auf- und abgleiten. Spürst du, wie dieser sich kalt und muskulös anfühlt? Du weißt, dass du in der Nähe des Elefanten vollkommen sicher bist. Mit Leichtigkeit kann dieses Tier ganze Baumstämme mit seinem kräftigen Rüssel tragen, mit dem er dich umschließt. Du fühlst dich beschützt und behütet und siehst, dass das Tier dir unentwegt in die Augen sieht.

Auch du kannst deinen Blick kaum abwenden und vergisst die Zeit ganz und gar. Und auch, wenn es sich anfühlt, als wärst du gerade einmal einen winzigen Moment beim Elefanten gewesen, ist die Sonne nun bereits vollkommen untergegangen. Das Rot-Orange wird von einem abendlichen Dunkelblau überzogen und es ist Zeit, zurück zum Zug zu fahren. Als du den mächtigen Rüssel des Elefanten vorsichtig von dir löst, wirft das Tier dir einen letzten Blick zu, bevor es sich auf den Boden legt. Der Elefant legt auch seinen Kopf auf dem Boden ab und kann kaum die Augen offenhalten. Du drehst dich noch einmal zurück zur Giraffe, die bereits eingeschlafen ist. Als das Auto losruckelt, kommst du auch wieder an deinem Löwen vorbei, der sich ebenfalls bereits im Traumland befindet.

Und schon kommst du wieder an deinem Zug an, der die ganze Zeit über auf dich gewartet hat. Du steigst ein und erkennst die Tiere auf den Sitzen, die du gerade kennengelernt hast. Und während der Zug dich nach Hause bringt und sanft unter dir ruckelt, werden deine Augen schwerer und schwerer. Als du zurück in dein Bett krabbelst, kannst auch du kaum noch die Augen offenhalten. Kuschele dich nun ganz tief in deine Bettdecke hinein.

Und du weißt ganz genau, dass nur eine Zugfahrt entfernt wunderbare Tiere auf dich warten, die dir vertrauen und Vertrauen schenken. Und wann immer dir danach ist, darfst du sie besuchen – vielleicht auch jetzt gleich in deinen Träumen.

Schlaf schön, kleiner Ranger!

EINE INSEL VOLLER DRACHEN

Der Tag ist vorüber und der Abend ist gekommen. Du liegst hier in deinem Bett und vielleicht wirbeln deine Gedanken noch ein wenig durcheinander. Möglicherweise denkst du darüber nach, was dich heute traurig gemacht oder geärgert hat. Vielleicht bist du aber auch fröhlich, weil du heute etwas geschafft hast, was du dir gar nicht zugetraut hättest. Denkst du auch an die Menschen, denen du heute begegnet bist und mit denen du gesprochen oder gespielt hast? All diese Gedanken könnten in diesem Moment in deinem Kopf durcheinanderwirbeln. Doch weißt du was? Sie sind für heute gar nicht mehr wichtig. Denn der Tag ist längst vergangen und heute kannst du rein gar nichts mehr unternehmen.

Es ist nun Zeit, dass du all diese Gedanken an den heutigen Tag hinter dir lässt. Du hast morgen ganz viel Zeit, um die Dinge, die dich heute beschäftigen, anzugehen. Heute dürfen sie hinter dir zurückbleiben. Um dich von deinen wilden Gedanken zu lösen, stelle dich an einen Steg. Du stehst sicher auf den Brettern des Stegs, während das Wasser vor dir weit, weit in die Ferne hinausragt. Siehst du, wie es unter den Stegbrettern ganz sachte auf- und abwogt? In der Ferne des Meeres kannst du rein gar keine Bewegung des Wassers mehr erkennen. Um dich herum ist es vollkommen windstill, sodass das Wasser ganz glatt dazuliegen scheint. Die Sonne steht bereits kurz über der Wasseroberfläche und ihr Licht malt den Himmel in einem kräftigen Rot-Orange aus. Noch sind deine Gedanken ganz

bei dir, doch das darf sich gleich ändern. Denn direkt neben dir steht eine Kiste, die einer Schatzkiste ähnelt. Als du sie öffnest, ist sie vollkommen leer. Stelle dir ein letztes Mal für heute die Dinge vor, die geschehen sind. Mache gedanklich ein Foto von diesen Dingen und lege alles, was dich beschäftigt, in die Schatzkiste hinein. Siehst du, wie ein Bild deines Tages nach dem anderen in der Schatzkiste verschwindet?

Nimm dir einen Moment Zeit, um alle Augenblicke, die dir in diesem Moment durch den Kopf schwirren, in der Kiste verschwinden zu lassen. Sie wird voll und immer voller, während sich die Gedanken in deinem Kopf mehr und mehr beruhigen. Wenn du fertig bist, verschließe die Schatzkiste gut. Nimm den Schlüssel, mit dem du das Schloss an der Kiste abschließt, an dich. So hast du die Chance, die Kiste dann zu öffnen, wenn du dich deinen Gedanken wieder widmen möchtest. Du blickst wieder auf und erkennst, dass in der Zwischenzeit ein großes Boot an dem Steg angedockt ist. Du weißt, dass das Boot eine wichtige Aufgabe hat, und steigst ein. Spüre, wie es ein ganz klein wenig unter deinen Füßen wackelt. Nur so leicht, dass du dich noch gut halten kannst, und doch so sehr, dass du weißt, dass du dich jetzt im Boot im Wasser befindest.

Du setzt dich hin und wirfst einen Blick auf deine Schatzkiste, die an Land zurückbleibt. Während du mit deinem Boot immer weiter weg schwimmst, bleibt die Kiste an diesem sicheren Ort und wartet auf dich. Den vergangenen Tag hast du nun vollständig hinter dir gelassen. Fahre weiter mit deinem Boot ins offene Meer hinaus und blicke auf den Horizont in der Ferne. Erkennst du, dass ganz weit hinten etwas aus dem Wasser hinausragt? Noch weißt du nicht, was es ist. Aber du bist dir vollkommen sicher, dass es der Ort ist, zu dem dich dein Boot bringen möchte. Fahre weiter und weiter in Richtung der Erhebung. Du erkennst, dass sie nach und nach immer größer wird. Und dann siehst du, dass es sich um eine Insel handelt, die mitten im Meer aus dem Wasser herausragt. Du spürst, dass es eine ganz besondere Insel ist, und weißt, dass du heute noch etwas wahrlich Wunderschönes erleben wirst. Fahre dichter an die Insel heran, bis das Boot schließlich sachte an Land aufsetzt. Steige nun aus dem Boot und spüre wieder den festen Boden unter deinen Füßen.

Wenn du wieder völlig sicher stehst, gehe ein wenig an Land entlang. Du weißt, dass dein Boot auf dich warten wird, um dich am Ende deiner heutigen Reise wieder sicher an deinen Heimatstrand zu deiner Schatzkiste zurückzubringen. Auf dieser Insel ist es angenehm warm. Du spürst die letzten Sonnenstrahlen des Tages auf deiner Haut und ein wohliger Schauer läuft deinen Körper hinunter. Dann hörst du einen ganz besonderen Laut.

Es ist ein Laut, den du noch nie zuvor in deinem Leben gehört hast. Fast klingt es so, als wäre es ein langgezogenes Seufzen mit einer tiefen, tiefen Stimme. „Uaaaaaaaaaaaaaaaaaaaaaa“, seufzt es und du schaust dich zu allen Seiten um. Du bist dir sicher, dass das Geräusch aus den Bäumen hervorgedrungen ist, die unweit entfernt von dir aus dem Sand der Insel aufragen. Du gehst dichter heran und weißt, dass du hier vollkommen sicher bist. Gehe zwischen den Bäumen hindurch und sieh dich um, damit du herausfinden kannst, woher das Seufzen gekommen ist. Ein wenig weiter erkennst du etwas Schuppiges, was im Wald liegt. Fast sieht es aus,

als wäre dort ein riesiger Körper. Denn dieses schuppighäutige Etwas bewegt sich langsam atmend auf und ab und auf und wieder ab. Gehe darauf zu. Siehst du, wie es sich bewegt, und hörst du das erneute wohlige Seufzen? Als du an dem gewaltigen Wesen angekommen bist, siehst du, dass es sich um einen magischen Drachen handelt. Er liegt in der Abendsonne und die letzten Strahlen scheinen auf seine Schuppen.

„Uaaaaaaaaaaaaaaaaaa" macht das Tier erneut und ein wohliger Schauer durchläuft seinen ganzen Körper. Du gehst langsam in Richtung des Kopfes, den das Tier auf dem Inselboden abgelegt hat. Du siehst, dass das Tier mit halb geschlossenen Augen vor sich hindöst. Als du an seinem Kopf angekommen bist, bemerkt der Drache dich und hebt seinen Kopf mit einer langsamen Bewegung. Er schaut dich nun mit seinen großen, runden Augen an, die von langen Wimpern umsäumt sind. Du siehst in die Augen des Tieres und weißt ganz genau, dass es zahm und liebenswert ist. Langsam erhebt sich der Drache und deutet eine Verbeugung an.

Auch du verbeugst dich vor dem stolzen Tier, das anschließend seinen Fuß nach dir ausstreckt. Der Drache wartet einen Moment ab, um zu prüfen, ob du einverstanden bist, wenn er dich auf seinen Rücken setzt. Du nickst ihm zu, denn du bist dir sicher, dass der Drache etwas Schönes mit dir vorhat. Ganz vorsichtig nimmt das Tier dich in seine riesige Pranke und setzt dich behutsam auf seinen Rücken. An der schuppigen Haut des Tieres kannst du dich hervorragend festhalten.

Mit einer gleitenden Bewegung steht der Drache auf, breitet die Flügel aus, die du eben im Liegen noch nicht hast sehen können,

und schwebt mit dir hoch hinauf in die Lüfte. Als ihr über die Bäume hinwegschwebt, kannst du die Dracheninsel von oben begutachten. Du siehst viele verschiedene Drachenwesen, die allesamt ganz unterschiedlich aussehen.

Einige von ihnen haben langes, dichtes Fell in unterschiedlichen Brauntönen. Andere von ihnen haben vollkommen glatte Haut und wieder andere sind ebenso schuppig wie dein Begleiter, auf dem du in diesem Augenblick fliegst. Du erkennst, dass es Drachen gibt, die in wilden Loopings über die Insel hinwegfliegen. Einige schlagen hierfür mit den riesigen Flügeln, wieder andere gleiten durch die Lüfte, als würden sie einfach nur entlangsegeln. Am Boden befinden sich Drachen, die eindeutig keine Flügel haben und sich gehend fortbewegen. Ein Drache in der Ferne hüpft den Weg entlang und du kannst fast sehen, wie die Erde unter ihm zittert, wann immer das gigantische Tier auf dem Boden aufkommt.

Ein weiterer Drache rollt sich den Weg entlang, was ziemlich witzig aussieht. Auch die Insel an sich ist einen Blick wert. Du siehst Bäume ganz unterschiedlicher Art. Einige von ihnen tragen Blätter, die so groß sind wie dein ganzes Haus. Du bist dir sicher, dass es solche Bäume nur hier auf der Dracheninsel gibt. In weiter Ferne siehst du einen Vulkan, der in glühendem Rot vor sich hin blubbert. Er ragt als Berg hoch über der Insel auf und du erkennst, dass dein Drache genau in seine Richtung fliegt. Schon im nächsten Moment seid ihr angekommen und der Drache lässt dich von oben einen Blick in die glühende Hitze werfen.

Es ist faszinierend und gleichzeitig sehr mächtig, wie die Lava in dem Vulkan vor sich hin blubbert. Du spürst die Hitze, die zu dir und

deinem Drachen aufsteigt. Sie wärmt deinen Körper in Windeseile vollkommen durch und ein angenehmes Gefühl der Schwere überkommt dich. Als du und dein Drache den Vulkan hinter euch zurücklasst, sinkt er langsam wieder mit dir in die Tiefe. Er landet genau neben einem weiteren Drachen, welcher langes, wuscheliges Fell hat und dich mit seinen vertrauensvollen Augen ansieht.

Du spürst den Mut in dir, auch mit diesem Tier Kontakt aufzunehmen. Verbeuge dich noch einmal vor dem schuppigen Drachen und sieh, wie er es dir gleichtut, bevor er abhebt und zu seinem Platz zwischen den Bäumen zurückkehrt. Du siehst, dass die Sonne inzwischen am Himmel untergegangen ist, und du weißt, dass es bald Zeit ist, zu schlafen. Ob du heute Abend noch zu deinem Boot zurückkehrst? Der Drache mit dem Zottelfell streckt dir, ganz genau wie der schuppige Drache, einen seiner Füße entgegen. Auch er setzt dich auf seinen Rücken.

Doch anders als der schuppige Drache hebt dieser nicht mit dir ab in die Lüfte. Denn dieser Drache geht am Boden umher. Die Perspektive, aus der du die Insel betrachtest, ist eine völlig andere als noch vor wenigen Minuten. Du blickst nun aus Bodensicht auf den Vulkan, der mächtig über dir aufragt. Du spürst noch immer die Wärme, die er ausstrahlt, und das sanfte Wiegen des großen Drachen, auf dem du sitzt, die Wärme und das weiche Fell machen dich müde und schläfrig. Du kuschelst dich mit dem Bauch an das riesige Tier und spürst, wie dir fast die Augen zufallen. Der Drache sieht sich zu dir um und erkennt, wie müde du bist. Er nickt dir einmal zu, um dir zu zeigen, dass er weiß, dass du dringend schlafen musst. Du denkst an dein Boot und bist dir sicher, dass es auf dich wartet, bis

du bereit bist, abzureisen. Doch heute bist du dafür längst zu müde. Du bleibst auf dem Rücken des Tieres sitzen und langsam fallen deine Augen zu. Immer mal wieder versuchst du, sie zu öffnen. Und so zucken einzelne letzte Momente auf der Dracheninsel in dein Bewusstsein. Du erkennst, dass der Drache dich in ein riesiges Nest hineinträgt, welches auf dem Boden zusammengesammelt wurde.

Zweige, so groß wie die Bäume bei dir zu Hause, und Blätter, größer als dein eigenes Haus, liegen ordentlich angeordnet auf dem Boden. Der Drache geht weiter und spaziert mitten in eine Menge schlafender, kuscheliger weiterer Drachen hinein. Er trägt dich in ihre Mitte und du weißt, dass du inmitten ihres Schutzes ein vollkommen sicheres Schlafplätzchen hast. Als der Drache mit dir zwischen all den anderen Drachen hindurchgegangen ist, lässt er euch gemeinsam sanft auf die Erde niedersinken. Er legt sich so hin, dass du sachte an seiner Seite hinuntergleitest.

Als du ein letztes Mal für diesen Abend die Augen öffnest, hält er dich in seiner großen Pranke und legt dich an seinen Bauch. Er kugelt sich um dich herum, sodass er dich mit seinem weichen Fell bedeckt und beschützend um dir liegt. Die Drachen, die um ihn herum gelegen und geschlafen haben, sind erwacht und kommen ein wenig näher. Überall, wo du hinsiehst, liegen nun mächtige Drachen um dich herum und beschützen dich. Du weißt, dass du jetzt nur noch schlafen möchtest, und schließt die Augen. Wenn du erwachst, kannst du immer noch zurück in deine Heimat reisen. Doch heute Nacht darfst du hier bei den Drachen bleiben. Und ganz bestimmt besuchen sie dich schon gleich wieder in deinen Träumen.

Schlaf schön, kleines Drachenkind.

IN WUNDERSAMER HÖHE

Der Tag ist vorbei und es ist Abend geworden. In der Ferne ist die Sonne bereits am Horizont untergegangen. Du hast ihr vielleicht noch zugesehen, bis auch noch der letzte Zipfel des Sonnenlichtes verschwunden ist. Doch damit fängt deine heutige Reise erst an. Denn heute habe ich etwas ganz Besonderes für dich vorbereitet. Während dein Körper ganz warm und weich im Bett liegt, gehen deine Gedanken heute auf eine neue, wunderbare Reise. Gehe dafür im Kopf aus deinem Zuhause heraus.

Lasse vor deinen Augen eine freie Fläche entstehen. Sie muss schön groß sein, denn das, was heute auf dich wartet, braucht eine ganze Menge Platz. Stelle nun einen großen Korb auf die freie Fläche. Es ist ein Korb, der aussieht, als wäre er aus riesigen Zweigen geflochten. Der Korb muss so groß sein, dass du gut hineinpasst. Siehst du den Korb vor dir? Steige hinein und siehe dich einmal um. Du siehst das Abendlicht am Himmel und weißt gleichzeitig, dass du heute Abend die Sonne gerne noch einmal suchen möchtest. Nimm dafür den Luftballon, der im Korb vor dir liegt. Welche Farbe hat dein Luftballon? Schaue dir den schlaffen Ballon gut an, denn er ist es, der dich in wenigen Minuten tragen wird. Wie er das schafft?

Er macht sich das Glück deines heutigen Tages zunutze. Stelle dir alle Momente vor, die dich heute glücklich gemacht haben. Hole tief Luft und puste all deine Glücksmomente in den Ballon hinein. Vielleicht ist es das Lachen eines Spaßes, den du heute gehört hast.

Hole tief Luft und puste es in den Ballon. Er wird schon ein wenig größer und straffer. Hast du dich heute ganz besonders stolz gefühlt? Stelle dir diesen Moment noch einmal gut vor und puste ihn in deinen Luftballon. Vielleicht hast du heute mit einem guten Freund etwas sehr Schönes erlebt oder du hattest einen tollen Moment mit deinen Eltern oder Geschwistern.

Stelle dir diese Augenblicke ebenfalls vor und lasse sie mit aller Kraft in deinen Ballon hinein. Hole tief Luft und puste so oft und so kräftig, wie du magst, und fülle deinen Luftballon mit so vielen glücklichen Momenten des Tages, bis er riesig und prall gefüllt ist. Diese Glücksmomente sind es, die dich gleich in die Luft steigen lassen. Dein Luftballon ist an deinem Korb befestigt und schwebt bereits in die Luft. Doch die schweren Säcke, die auf dem Boden des Korbes liegen, halten dich im Moment noch unten. Es sind die Momente, die dir heute nicht so gut gefallen haben. Es wird Zeit, dass du sie für heute loslässt. Heute am Tag sind sie wichtig gewesen, denn sie haben dir gezeigt, wenn etwas sich nicht gut angefühlt hat. Doch heute Abend sind diese Momente nicht mehr wichtig. Du darfst sie am Boden zurücklassen.

Nimm dir also die Säcke mit den Gefühlen, die du für heute loslassen möchtest, und wirf sie mit einem großen Schwung hinaus. Ein unschöner Moment nach dem anderen verlässt deinen sicheren Korb, bis er irgendwann vollkommen leer ist. Spüre, wie deine Glücksmomente dich nun endlich in Richtung Himmel tragen. Steige langsam und gleichmäßig nach oben. Du bist vollkommen sicher, denn deine Glücksmomente tragen dich zuverlässig nach oben. Auch der Korb ist ganz fest geflochten und du stehst sicher in

ihm. Schaue, wie die Welt unter dir langsam kleiner wird. Siehst du, wie die schweren Säcke immer weiter von dir weg sind? Stattdessen schwebst du mit deinem Glücksballon hoch und immer höher nach oben. In der Ferne entdeckst du das, was du heute unbedingt suchen und finden wolltest. Die Sonne, die am Horizont untergegangen war, ist von hier oben nämlich wieder zu sehen. Du hast noch einen weiteren Moment gewonnen, in dem das Sonnenlicht dir Wärme und Liebe spendet.

Du bist inzwischen so hoch oben, dass die Häuser unter dir nur noch so groß wie Ameisen zu sehen sind. Doch die Sonne in der Ferne scheint so groß zu sein, wie nie zuvor. Spüre einen Moment, wie ihre warmen, goldenen Strahlen über deine Haut streicheln. Spürst du, wie dein Ballon einen weiteren Moment des Glücks hinzugewinnt? Er ist nun tief in dir verankert und er fühlt sich ganz wunderbar an. Siehe dich nach allen Seiten um. Was entdeckst du, wenn du erst einmal den Blick von der Sonne abgewendet hast? Siehst du den Vogel, der erst entfernt und dann immer näher zu dir schwebt? Fast sieht es so aus, als würde er ganz bewusst auf dich zugleiten.

Und tatsächlich: Schon im nächsten Moment setzt sich das Tier auf den Rand deines Korbes nieder und schaut dich mit seinen klimpernden Augen an. Du lächelst den Vogel an, ohne zu wissen, was er hier bei dir zu suchen hat. Strecke vorsichtig deine Hand nach dem Tier aus. Siehst du, dass er den Kopf ein ganz klein wenig schieflegt? Offenbar wünscht er sich, dass du ihn streichelst. Spüre die weichen Federn, als deine Finger ihn berühren.

Wenn du von oben nach unten streichst, fühlt es sich ganz weich und gleitend an, doch von unten nach oben piksen die Federn des Tieres dir sanft in die Finger. Genieße diesen wundervollen Moment gemeinsam mit dem Tier. Schaut gemeinsam ein wenig weiter in die Ferne, während deine Finger noch immer den Körper des Tieres streicheln. Siehst du, dass eine weiße Wolke langsam auf euch zugeschwebt kommt?

Du traust deinen Augen kaum, denn keinesfalls hättest du vermutet, so hoch geflogen zu sein. Erstaunt stellst du fest, dass Glücksmomente uns offenbar höher hinauftragen können, als du gedacht hättest. Sieh dabei zu, wie die Wolke dir, deinem Glücksballon und dem Vogel immer näherkommt. In dem Moment, in dem sie am Ballon anstößt, musst du ein wenig lachen. Denn einige kleine einzelne Wolkenteilchen kommen zu dir in den Ballon hinein und kitzeln über deine Arme. Spürst du, wie die Wolke zuckerwattegleich deine Arme zu streicheln beginnt? Es fühlt sich gleichzeitig ein wenig kitzelig und dennoch ganz wunderschön an. Genieße den Moment dieses Streichelns noch ein wenig länger. Spüre auch, wie sich das Sonnenlicht langsam wieder verändert.

Denn je länger du hier oben bist, desto rötlicher beginnt der Abendhimmel, zu scheinen. Als du zur Sonne zurücksiehst, erkennst du, dass sie auch jetzt wieder ein ganzes Stück tiefer gesunken ist. Doch noch hast du ein wenig Zeit, um diesen wundervollen Moment zu genießen. Erstaunt beobachtest du, wie der Vogel, der noch immer neben dir auf deinem Glücksballon sitzt, immer wieder in die Wolke hineinpickt. Du lachst, als du siehst, dass er mit seinem Schnabel eins ums andere Wolkenzipfelchen abpflückt – fast so, als würde es

sich um eine Zuckerwatte handeln. Vielleicht magst du es auch einmal ausprobieren. Zupfe auch du dir ein Stückchen von der Wolke ab und spüre, wie sie sich zwischen deinen Fingern anfühlt. Ist sie klebrig und zieht sich an deinen Fingerspitzen? Oder ist sie doch eher ganz glatt und flutscht dir fast zwischen deinen Fingern hindurch?

Nimm nun deine Hand an den Mund und stecke dir ein kleines Stückchen der Wolke hinein. Wie fühlt sie sich auf deiner Zunge an? Und wie schmeckt deine Wolke? Vielleicht schmeckt sie ganz genauso wie Zuckerwatte, vielleicht schmeckt sie aber auch vollkommen anders. Lasse die Wolke ein wenig auf deiner Zunge hin- und hergleiten und schmecke ganz genau, in welcher Geschmacksrichtung sie daherkommt. Als eine weitere Wolke an deinen Glücksballon stößt, nimmst du auch von ihr ein winziges Bisschen. Diese Wolke schmeckt vollkommen anders. Welche Geschmacksrichtung hat sie dir dieses Mal mitgebracht?

Genieße diesen Moment, in dem du inmitten deines eigenen Glücks stehst und von all den Wolken naschst, die um dich herumfliegen. Auch der Vogel neben dir scheint völlig in diesem Augenblick aufzugehen. Fröhlich zupft er ein Wolkenfitzelchen nach dem anderen ab und schluckt es hinunter. Du siehst ihm noch ein wenig zu und speicherst das Bild direkt in deinem Kopf ab. Denn zu lustig sieht es aus, wie der Vogel glücklich vor sich hin pickt. Als er endlich fertig ist, schaut er dich mit seinen kleinen Äuglein an. Du musst laut auflachen, denn rund um seinen Schnabel kleben noch immer einige kleine Wolkenfetzen. Fast so, wie wenn du ein Eis isst und es deinen ganzen Mund verklebt hat.

Vorsichtig hilfst du dem Vogel beim Säubern des Schnabels, indem du ihn mit deinem Finger abstreichst. Der Vogel nickt dir noch einmal zu und flattert dann von deinem Glücksballon hinunter zur Erde. Du weißt, dass auch bei dir bald der Moment gekommen ist, an dem auch du dich wieder auf den Weg zurück machst, doch noch ist es nicht ganz so weit. Der letzte Rest der Sonne ist noch immer in der Ferne am Horizont zu sehen und du möchtest diesen Moment noch einmal wirklich auskosten.

Drehe der Sonne den Kopf zu und schließe die Augen. Spüre noch ein weiteres Mal, wie dich das Licht berührt. Es fühlt sich ganz warm und sanft an und spielt in deinem Gesicht. Auch dein Hals fühlt sich noch immer wunderbar gewärmt an. Hebe die Arme, damit das Sonnenlicht auch deine Hände und Arme durchwärmen kann. Spürst du, wie das warme Licht der Sonne sich in deinem Körper auszubreiten scheint? Es macht dich ganz warm, ganz schwer und ganz schläfrig. Du spürst, wie es sich von deinen Zehenspitzen bis in die letzte Haarspitze verteilt und sich warm und wundervoll in dir ausbreitet. Behalte die Wärme des Lichtes in dir und atme einige Male tief ein und aus.

Ein ... das Licht der Sonne durchströmt deinen ganzen Körper. Und wieder aus ... wieder ein ... du bist von Wärme durchflutet und fühlst dich sicher und geborgen. Und wieder aus ... ein letztes Mal tief ein ... deine Augen sind ganz müde und das Licht der Sonne schwappt wunderbar in dir auf und ab. Und wieder aus ... in diesem Moment versinkt die Sonne vollständig am Horizont und du weißt, dass es Zeit ist, zurückzukehren. Schaue deinen Glücksballon an und löse vorsichtig den Knoten, der das Glück in ihm hält.

Spüre, wie der Ballon ganz langsam kleiner wird. Du sinkst ganz langsam zur Erde, während jeder Glücksmoment aus dem Ballon hinaus- und in deinen Körper hineinströmt. All die glücklichen Momente des Tages kommen nun zurück zu dir. Sie vermengen sich mit den neuen Glücksmomenten, die du gerade eben gesammelt hast.

Da ist der Moment, in dem du die Sonne am Horizont wiedergefunden hast und in dem der Vogel neben dir gelandet ist, weil er von deinem Glück angezogen wurde.

Da ist der Moment, in dem du ihn gestreichelt hast und in dem die Wolke deinen Arm gestreichelt und du ihren Geschmack gekostet hast.

Da ist der Moment, in dem du über den wolkenverschmierten Schnabel des Tieres lachen musstest und in dem das letzte bisschen Licht der Sonne dich durchflutet hat.

Noch als der Ballon sanft auf dem Boden aufsetzt, spürst du die Geborgenheit und die Wärme, die dich schläfrig macht. Du bist vollkommen sicher und schläfrig, als du in dein Bett zurückgleitest. Halte die Augen geschlossen und trage die Wärme und das wohlige Gefühl noch weiter in dir.

Du hast heute gespürt, wie sehr dich das Glück in die Höhe tragen kann. Sammle auch in der nächsten Zeit all die Glücksmomente, auf die du treffen wirst. Speichere sie gut in dir ab. Denn wann immer du genug Glück gesammelt hast, hast du die Chance, in deinen Ballon zu steigen und neue Momente in höchster Höhe zu erleben.

Vielleicht möchtest du dir schon einmal ausmalen, wohin du auf deiner nächsten Ballonfahrt gerne fliegen möchtest. Vielleicht machst du dich schon jetzt in deinem Traum wieder auf den Weg. Bestimmt kannst du auch noch die Regentropfen trinken und im Donnergrollen Musik machen. Möglicherweise kannst du auf der höchsten Bergspitze landen und in die tiefsten Täler schauen. Alles, was dir gefällt, ist erlaubt. Gehe doch auch in deinem Traum auf eine wunderbare Reise, zu der dich dein inneres Glück tragen mag. Gute Nacht, du Glücksflieger.

Schlafe schön und träume dich in höchste Höhen.

MEIN GEHEIMER GARTEN

Kennst du einen Ort, der dir ganz und gar allein gehört? Einen Ort, an dem du dich, wann immer du möchtest, zurückziehen kannst und nur Zeit für dich und deine Träume hast? Heute Abend wirst du einen solchen Ort kennenlernen. Er wird in deinen Gedanken entstehen und dir eine Rückzugsmöglichkeit geben, wann immer du sie brauchst. Lass uns gemeinsam erst einmal den heutigen Tag verabschieden.

Atme einige Male tief ein und aus und spüre das Bett, in dem du liegst. Ein ... die Matratze ist angenehm weich unter deinem Körper. Und aus ... und wieder ein ... dein Kopf kuschelt sich sanft in dein Kissen. Und wieder aus. Ein ... deine Decke umspielt deinen Körper und schenkt dir wohlige Wärme. Und wieder aus ... spüre, wie du im Hier und Jetzt im Bett liegst. Der Tag ist vergangen und alles, was heute gewesen ist, darf jetzt von dir weichen.

Jetzt bist nur du alleine wichtig. Du, wie du hier im Bett liegst und dich für die Träume der kommenden Nacht bereitmachst. Heute reist du an einen Ort, den du immer besuchen kannst, wenn du eine Pause brauchst. Nur du alleine wirst den Schlüssel und den Zugang zu diesem geheimen Ort haben. Lasse deine Gedanken nun fortfliegen. Stelle dir vor, dass du vor deiner eigenen Haustür stehst. Wie sieht es aus, wenn du deine Tür öffnest und in das Innere deines Zuhauses siehst?

Öffne die Tür einmal und wirf einen kurzen Blick hinein. Schaue dich kurz um, um ein Bild davon zu bekommen, wie dein Zuhause in diesem Moment aussieht. Was siehst du, wenn du in der Haustür stehst und deinen Kopf nach links drehst? Was siehst du, wenn du nach rechts schaust? Was siehst du, wenn du einfach nur nach vorne blickst? Nun tritt wieder aus der Haustür hinaus und verschließe die Tür.

Du weißt, wie dein Zuhause in Wirklichkeit aussieht, aber jetzt wird es Zeit, deinen eigenen Wohlfühlgarten zu gestalten. Vielleicht klingt es merkwürdig für dich, deinen Garten in deinem Haus zu haben. Doch das ist ganz wichtig, damit nur du allein Zutritt hast und damit ihn niemand sonst sehen kann. Du stehst vor deiner Haustür und weißt, dass das Bild, wenn du die Tür öffnest, gleich ganz anders aussehen wird als eben. Stelle dir vor, wie du in deinen Garten hineinkommen kannst. Hast du einen besonderen Schlüssel, den du an eine versteckte Stelle in der Tür stecken kannst? Ist es eine Karte, die du in einen magischen Schlitz stecken kannst? Oder öffnest du deine Tür, indem sie deinen Fingerabdruck scannt und dich in deinen Garten einlässt? Vielleicht hast du auch eine ganz andere Idee, wie du die Tür zu deinem magischen Garten öffnen kannst. Stelle dir vor, wie du dir Zutritt verschaffen kannst.

Stelle dir jetzt vor, wie du über diesen Weg die Tür ganz langsam und vorsichtig öffnest. Als Erstes schlägt dir ein umwerfend schöner Geruch entgegen. Bleibe noch kurz draußen stehen, um zu erkennen, um welchen Duft es sich handelt. Atme die Mischung aus saftigem grünem Gras und süßlich duftenden Blumen ein. Erkennst du auch den Geruch der Äpfel, der sich ganz zart aus dem Duftgemisch hervorhebt? Er bringt einen Hauch Fruchtigkeit mit sich. Atme einige Male tief ein und aus und erkenne, welche Düfte sich noch in dem Gemisch verstecken. Ein ... erkennst du den würzigen Geruch von Lavendel, den du gerade einatmest? Und wieder aus ... bestimmt kannst du den Duft herausfiltern, der ganz einfach nur Frische mit sich bringt. Und wieder aus ... ein letztes Mal ein ... nimm nun den Duft in seiner ganzen Mischung wahr und lasse dich vollkommen von ihm durchfluten. Und wieder aus ... tritt jetzt langsam in deinen Garten ein.

Du siehst, dass alles ganz und gar anders aussieht als eben noch. Erstaunt stellst du fest, dass über dir keine Decke mehr zu sehen ist. Stattdessen betrittst du einen Garten, über dem der Himmel in der leichten Abenddämmerung zu sehen ist. Sieh dir das wunderschöne Rot-Blau an, in dem der Himmel leuchtet. Einige kleine Wölkchen leuchten in einer ganz ähnlichen Farbe. Ihnen ist lediglich noch ein wenig Weiß hinzugemischt. Siehst du, wie die Wolken am Himmel einfach vorbeischweben? Genau wie deine Gedanken dürfen sie kommen und gehen, ganz wie sie wollen. Sie bleiben nicht am Himmel hängen, sondern wandern ganz sanft weiter.

Schaue dir die Wolkenbilder einen Moment lang an. Vielleicht entdeckst du etwas in ihnen, was du schön findest. Siehst du zum Beispiel eine Wolke, die aussieht wie ein abendlicher Mond? Schau genau hin, denn irgendwo dort ist sie. Und direkt daneben ist eine Wolke, die aussieht wie dein liebstes Spielzeug. Schau doch mal. Wenn du deinen Blick noch ein wenig weiterwandern lässt, erkennst du Wolken, die aussehen wie die Mitglieder deiner Familie. Sie lächeln zu dir hinunter und du weißt, dass sie immer auf dich

achten – auch, wenn du dich ganz alleine in deinem eigenen Garten befindest. Schaue dir noch einen Augenblick die anderen Wolken an. Vielleicht entdeckst du auch in ihnen Bilder, die sich mit der Bewegung der Wolken verändern. Nimm dir Zeit, bis ich bis zehn gezählt habe, um ganz in Ruhe dem sanften Ziehen der Wolken zuzusehen. Eins ... Zwei ... Drei ... Vier ... Fünf ... Sechs ... Sieben ... Acht ... Neun ... Zehn. Lasse nun deinen Blick weiter nach unten wandern. Siehst du, wie du mit den Zehen in saftig grünem Gras stehst?

Du riechst den süßlich-würzigen Geruch, den das Gras verströmt. Du bekommst das Gefühl, es unter deinen Zehen spüren zu wollen. Ziehe gerne deine Schuhe und Socken aus. Du weißt ganz genau, dass das magische Gras in deinem Garten einfach nur weich ist und deinen Füßen guttun wird. Stelle dich nun barfuß ins Gras und spüre, wie es zwischen deinen Zehen kitzelt. Du wirst ganz und gar vom Gras getragen und es fühlt sich wunderbar an. Gehe einige Schritte und spüre, wie du immer ein wenig einsinkst, während du mit den Füßen auftrittst. Das Gras gibt unter dir nach und passt sich vollkommen deinem Fuß an.

Wenn du dir genug Zeit genommen hast, um im Garten hin- und herzugehen, schau, was du noch alles entdecken kannst. Siehst du die wunderschöne Blumenwiese, die vor dir liegt? Anders als das Gras, auf dem du dich gerade bewegst, strahlt sie in allen Farben, die du dir nur vorstellen kannst.

Gehe ein wenig näher heran. Du riechst die vielen verschiedenen Gerüche, die immer intensiver werden, je näher du kommst. Atme sie tief ein und speichere sie als deinen Wohlfühlgeruch ab. Schaue

dir die Blüten ganz genau an. Einige von ihnen sind winzig klein, wie eine Ameise, andere so groß wie deine ganze Hand. Sieh dir die vielen bunten Farben an. Auch die Blätter der Blüten sind ganz unterschiedlich. Siehst du die Blüten, deren Blätter so dünn sind wie Schmetterlingsflügel? Andere Blätter wiederum sind viel dicker und kraftvoller. Auch kannst du sehen, dass einige der Blüten nur sehr wenige Blätter haben und andere wiederum so viele, dass du sie kaum voneinander trennen kannst. Schau dir die Blumen noch einen Moment lang an. Ist eine dabei, die dir am allerbesten gefällt? Oder findest du gleich mehrere oder sogar alle Blumen gleich schön? Beides ist völlig in Ordnung.

Lasse deine Augen noch ein wenig über die Blumenwiese wandern und beobachte die kleinen Tierchen, die zwischen den Blütenblättern hin- und herschweben. Es sind Hummeln und Bienen, aber auch Schmetterlinge und Schwebefliegen. Sie alle interessieren sich ausschließlich für die Blumen und lassen sich von dir gar nicht stören. Höre auch das leise Summen der fleißigen Tierchen, die den süßen Nektar aus den Blüten saugen. Siehst du, wie sie sich ganz und gar wohl in deiner Blumenwiese fühlen?

Löse dich langsam von der Wiese, damit du auch den Rest deines Gartens noch betrachten kannst. Schaue dir die unterschiedlichen Bäume an, die hier gewachsen sind. Einige von ihnen sind kleiner als du. Ihr Stamm ist noch ganz zart und du weißt, dass es sich um sehr junge Bäume handelt, die noch viel Kraft zum Wachsen brauchen. Wieder andere Bäume sind so hoch, dass du den Kopf weit in den Nacken legen musst, um die Baumkrone sehen zu können. Schaue dir auch die verschiedenfarbigen Blätter an. Einige Blätter

sind hellgrün, andere ein wenig dunkler. Ein Baum in der Ferne leuchtet in einem wunderschönen Rot und einige Blätter sind von hellrosa Blüten übersäht. Erkennst du, dass einige der Bäume Früchte tragen? So steht in einiger Entfernung ein Birnenbaum und auf der anderen Seite ein Apfelbaum. Vielleicht kannst du auch dunkelrote, saftige Kirschen erkennen.

In deinem eigenen Garten darfst du dir deine Lieblingsfrucht abpflücken und sie essen. Gehe zu dem Baum, der die Frucht trägt, und pflücke sie ab. Stecke die Frucht nun in den Mund und beiß ein erstes Mal zu. Du spürst, wie der fruchtige Saft der Frucht sich in deinem Mund verteilt, und kaust die Frucht gut durch. Nimm dir so viele Früchte, wie du magst, und iss dich gründlich satt.

Wenn du fertig bist, gehe noch ein wenig weiter in deinem Garten umher. Suche dir ein Plätzchen aus, an dem du dich vollkommen wohlfühlen kannst. Es darf eine Liege sein oder eine Decke, die auf dem Boden liegt. Vielleicht hängt zwischen zwei Bäumen auch eine Hängematte, in die du dich legen möchtest, oder es ist eine Stelle im hohen Gras. Es ist deine eigene Entscheidung, wo du dich am wohlsten fühlst.

Vielleicht möchtest du einen Platz wählen, bei dem du dein Gesicht in die untergehende Sonne strecken kannst. Oder dir ist ein Platz im Schatten eines Baumes lieber. Sieh dich um und suche dir einen Ort aus, der dir gefällt.

Gehe nun zu diesem Ort und lege dich hin. Es ist ein Ruheort, den du immer besuchen kannst, wenn du es möchtest. Wann immer du

Zeit für dich brauchst, darfst du diesen Ort aufsuchen. Du kannst die bunten Blumen mit den kleinen Flattermännern ansehen oder das Duftgemisch einatmen, welches du hier erschnuppern kannst. Du kannst die Wolken beobachten, die über dir entlangziehen, und die Früchte essen, die in deinem eigenen Garten wachsen. Du darfst dich einfach hier an deinen eigenen Platz legen und genießen, dass es nichts um dich herum gibt, was wichtiger ist, als diesen Augenblick zu genießen. Hier hast du keine Aufgaben und es kommt nur das mit dir hinein, was du hier drinnen haben möchtest. Alle Gedanken, die unwichtig sind, müssen draußen bleiben und warten, bis du wieder zu ihnen hinauskommst. Wenn du herkommst, darfst du einfach nur entspannen und dich wohlfühlen.

Auch in diesem Moment darfst du so lange hierbleiben, wie du es für richtig hältst. Die Sonne versinkt langsam am Himmel und das ist in Ordnung. Sie darf untergehen und du darfst trotzdem hierbleiben. Dein Garten ist und bleibt genauso, wie es sich für dich gut anfühlt. Der Mond steigt an deinem Abendhimmel auf und schenkt dir genauso viel Licht, wie du es dir wünschst. Du darfst einfach hier liegen und hierbleiben, bis du eingeschlafen bist. Wenn du möchtest, kannst du dabei die Sterne zählen, die langsam am Himmel zu leuchten beginnen. Deine Finger dürfen langsam durch das Gras streichen oder du kannst ganz ruhig liegen bleiben. Genieße diesen Augenblick und wenn du einschlafen möchtest, dann lasse es geschehen. Denn dieser Ort ist jetzt fest in deinen Gedanken. Und du kannst ihn immer dann aufsuchen, wenn du ihn brauchst.

Und jetzt schlaf gut, kleiner Gärtner.

Der Tag ist vergangen und du hast viele Dinge erlebt. Einiges war neu für dich und anderes altbekannt. In manchen Situationen hast du dich sicher und gut gefühlt, andere haben sich vielleicht weniger gut angefühlt. Aber jetzt in diesem Moment sind sie alle nicht mehr wichtig. Heute Abend darfst du alle Gedanken an den vergangenen Tag loslassen und dich vollkommen von ihnen freimachen. Stelle dir dafür eine Uhr vor, die du in den Händen hältst. Es ist ganz egal, ob du eine Uhr mit Zeigern vor dir hast oder eine mit Ziffern. Es ist auch nicht wichtig, ob du die Uhr schon lesen kannst oder nicht. Du brauchst nur zu wissen, dass in deiner Uhr ein magisches Kästchen verborgen ist.

Öffne das Kästchen und lege all deine Erinnerungen an den Tag hinein. Die weniger guten, die guten, die, bei denen du aufgeregt warst, und die, in denen du dich sicher gefühlt hast. Lege auch die Gespräche hinein, die du heute geführt hast, und alles, was du heute gespielt hast. Wenn du all deine Gedanken an den heutigen Tag in deinem Uhrkästchen verstaut hast, schließe es wieder. Siehst du das kleine Rädchen am Rande deiner Uhr? Wenn du zweimal daran drehst, verschiebst du all deine Gedanken deines heutigen Tages auf morgen. Einmal drehen. Und ein zweites Mal. Nun sind deine Gedanken sicher auf den morgigen Tag verlegt. Für heute darfst du sie vollkommen loslassen.

Öffne das Kästchen ein weiteres Mal. Siehst du? Deine magische Uhr hat deine Gedanken von heute auf morgen verschoben. Lege die Uhr nur noch nicht beiseite. Denn du brauchst sie für das, was du jetzt vorhast. Vielleicht kennst du schon die unterschiedlichen Jahreszeiten. Heute machst du dich auf zu einer Reise durch die Jahreszeiten. Sie werden dir all ihre besondere Schönheit zeigen und dich ganz und gar entspannen. Lege dafür eine Kette um deine Uhr. Nun kannst du sie dir um den Hals hängen und musst sie nicht in der Hand tragen. Schließe deine Augen und umfasse mit deinen Fingern das kleine Rädchen am Rand deiner Uhr. Drehe es zehnmal in deine Richtung. Eins ... Zwei ... Drei ... Vier ... Fünf ... Sechs ... Sieben ... Acht ... Neun ... Zehn.

Siehst du, wie sich deine Umgebung während deiner Zeitreise geändert hat? In deinen Gedanken liegst du nicht mehr in deinem Bett. Auch, wenn du die Wärme und das Wohlgefühl deines Bettes noch immer in dir trägst, stehst du nun auf einem ganz und gar freien Feld. Rund um dich herum ist nichts weiter zu sehen als ein einziger Baum. Mache dich langsam auf den Weg zu dem Baum und nimm wahr, was du um dich herum entdecken kannst. Du bist im Winter gelandet und der Schnee unter deinen Füßen strahlt in einem wunderschönen hellen Weiß. Er ist vollkommen unangetastet, so, als ob noch nie irgendjemand vor dir an diesem Ort gewesen ist. Wann immer du einen Schritt in die Schneedecke setzt, hörst du das Knarzen des zusammensackenden Schnees unter deinen Füßen. Drehe dich doch noch einmal um, um zu schauen, wie du deine Fußspuren setzt. Du weißt, dass alles, was du auf dieser Welt tust, ebensolche Spuren hinterlässt. Jedem, der dich lachen hört, klingt

dein Lachen noch lange in den Ohren nach. An Gespräche mit dir werden deine Gesprächspartner sich noch sehr lange erinnern können, andere Kinder werden wissen, wie du mit ihnen gespielt hast. Alles, was du tust, hat eine Wirkung – das siehst du auch an deinen Fußspuren, die du hier und jetzt im Schnee hinterlässt. Und es ist ganz besonders schön und wichtig, dass du auf dieser Welt bist. Gehe nun noch ein Stückchen dichter an den Baum heran. Siehst du, dass er völlig kahl und frei von Blättern ist?

Für den Winter braucht er all seine Kraft. Es wird ihm leichtfallen, im Frühling neue Blätter zu zaubern. Doch der Stamm muss besonders gut geschützt sein. Weil es im Winter aber sehr kalt ist und die Sonne nicht so wärmend scheint, wie im Sommer, musste der Baum all seine Kraft und Energie seinem Stamm schenken. So kann er überleben und die kalte Zeit überstehen. Auch dir und deinem Körper geht es ganz genauso. Es kommen Zeiten, in denen alles um dich herum schwerer ist als in anderen Zeiten. Dann gilt es, ganz besonders gut auf dich aufzupassen – ganz genauso, wie der Baum vor dir es tut. Kümmere dich darum, dass es dir gut geht. Lasse alles, was dich belastet, von dir abfallen, wie die Blätter des Baumes. Pass gut auf dich auf und nutze die Energie und Kraft, die du hast, für das, was dir guttut. Du bist ein Baum und du darfst alles, was dich belastet, ganz einfach abschütteln, und vollkommen leicht werden. Spüre einmal die Rinde des Baumes. Fühlst du, wie der Baum ganz kräftig und stark vor dir steht?

Die Stärke des Baumes schwappt auch auf dich über, denn auch du bist kräftig und stark, wie dieser Baum. Schau dir die Rinde ganz genau an. Sie besteht aus vielen, vielen Rillen und keine einzige

Zeichnung der Rinde gleicht einem anderen Baum. Dein Baum ist vollkommen einzigartig – ganz genau, wie du es bist. Auch dich gibt es nur ein einziges Mal auf der Welt, genau wie diesen Baum. Siehst du auch, dass der Baum an der einen oder anderen Stelle kleine Verletzungen davongetragen hat? Gehe dafür um ihn herum und entdecke die kleinen Stellen, aus denen Baumharz ausdringt. Fühle, wie es sich klebrig unter deinen Fingern anfühlt. Es ist ganz bitter und zeigt, dass der Baum an diesen Stellen Dinge erlebt hat, die ihn so gemacht haben, wie er jetzt ist. Bei dir ist es ganz genauso. Auch du hast Dinge erlebt, über die du traurig oder wütend warst. Sie haben dabei geholfen, dich zu dem zu machen, was du jetzt bist. Und ganz genauso wie der Baum trägst du diese Erfahrungen immer mit dir. Und trotzdem stehst du aufrecht und stark da – wie der Baum, der vor dir steht. Lass uns schauen, wie der Baum in der nächsten Jahreszeit aussieht. Drehe dafür deine Uhr weitere zehn Umdrehungen in deine Richtung. Eins ... Zwei ... Drei ... Vier ... Fünf ... Sechs ... Sieben ... Acht ... Neun ... Zehn.

Hast du gesehen, wie sehr dein Baum sich verändert hat? Der Schnee um ihn herum ist geschmolzen und der Boden erstrahlt nun in einem satten Grün. Du riechst den Duft des frisch wachsenden Grases. Es riecht süßlich und angenehm frisch. An deinem Baum sind kleine, neue Blätter gewachsen. Sie sehen noch klein und jung aus. Dennoch wirkt dein Baum jetzt viel prächtiger, kräftiger und fülliger. Er ist so voller neuer Energie und Kraft. Er hat einen harten Winter überstanden und steht nun in seiner ganzen Pracht da. Genauso stolz wie der Baum bist auch du. Wann immer du eine Probe in deinem Leben geschafft hast, darfst auch du dich stolz und

prächtig fühlen. Du darfst zeigen, was du geschafft hast, und dich selbst daran erfreuen. Schaue einmal hoch in die Zweige. Siehst du, dass ein Vogel sein Nest gebaut hat? Er brütet nun die nächsten Vögel aus. Dein Baum ist zum Helfer geworden. Er hat seine Blätter als Schutz des Nestes aufgestellt. Die Vögel, die schon bald aus ihren Eiern schlüpfen werden, dürfen sich in seinem Schutz vollkommen sicher und geborgen fühlen. Wenn du weißt, was du alles kannst, kannst auch du anderen zur Vertrauensperson werden. Du bist großartig und wundervoll und du darfst anderen zeigen, was du alles kannst. Auch sie werden sich dann in deiner Nähe sicher fühlen. Ganz genauso darfst du aber auch eines der kleinen Vögelchen sein, welches Schutz sucht. Du darfst dir Menschen suchen, denen du vertraust. Du darfst zeigen, wenn du jemanden an deiner Seite brauchst, und dich ihm anvertrauen. Denn du bist ebenso wie ein starker Baum auch ein kleines Vögelchen, welches Hilfe braucht, um gut wachsen zu können. Es wird Zeit, dass du die nächste Jahreszeit kennenlernst. Drehe das Rädchen deiner Uhr weitere zehn Male und atme währenddessen die herrliche Frühlingsluft tief ein. Eins ... Zwei ... Drei ... Vier ... Fünf ... Sechs ... Sieben ... Acht ... Neun ... Zehn.

Spürst du die sommerliche Hitze, die sich über dich und deinen Baum gelegt hat? Das Gras um dich herum ist zwischenzeitlich höher gewachsen. Aber es ist auch ein wenig bräunlich geworden. Auch die Blätter an deinem Baum sind nun ganz groß, doch sie wirken ein wenig trockener als im Frühling. Du spürst, dass dein Baum eine schöne, doch anstrengende Zeit hat. Er braucht Wasser, um sich wirklich gut fühlen zu können. Auch du musst gut darauf

achten, dass du zu jeder Zeit das bekommst, was deinen Körper mit neuer Energie versorgt. Ruhe dich aus, wenn du erschöpft bist, esse und trinke, wenn dein Körper es braucht. Der Baum, der vor dir steht, ist ein Überlebenskünstler. Selbst, wenn es sehr lange nicht regnet, kann er durch seine tiefen Wurzeln das Wasser aus dem Boden aufnehmen. Er zieht es von ganz tief unten zu sich hinauf und kann sich somit versorgen. Du bist ebenso stark. Du bist in der Lage, Kraft und Energie zu schöpfen, wenn die Zeiten auch anstrengend sein mögen. Du bist ein wundervolles Kind und du darfst auf dich aufpassen, damit es dir ebenso gut geht wie dem Baum, dessen Rinde du noch immer berührst. Schaue noch einmal dorthin, wo das Nest des Frühlings ist. Siehst du, dass es zwischenzeitlich ganz leer ist? Dein Baum hat der kleinen Vogelfamilie ein sicheres Zuhause geschenkt, bis die Kleinen alt genug waren, um die Welt zu erkunden. Auch du bist wie eines der Vogelkinder. Jeden Tag lernst du Neues und jeden Tag machst du neue Erfahrungen. Vergiss nicht, dass du immer einen Ort hast, an dem du sicher sein und dich geborgen fühlen kannst – ganz genauso, wie die Vögel, die nach jedem Abenteuer in den sicheren Baum zurückgekehrt sind, bis sie schließlich groß genug waren, um sich zurechtzufinden.

Spüre noch eine Weile, wie sich die warme Sommersonne auf deiner Haut anfühlt. Spürst du, wie die Strahlen dich sanft streicheln und deinen ganzen Körper wärmen? Du spürst, wie du langsam ganz schläfrig wirst. Die Sonne wärmt sich angenehm und dein Körper ist ganz schwer, während deine Gedanken ganz leicht und frei sind. Erkunde nun die letzte Jahreszeit, indem du das Rädchen an deiner Uhr weitere zehn Male drehst. Eins ... Zwei ... Drei ... Vier ... Fünf ... Sechs ... Sieben ... Acht ... Neun ... Zehn.

Spüre den leichten, warmen Windhauch, der die warmen Strahlen der Sonne abgelöst hat. Es ist ein warmer, sonniger und schöner Herbsttag und die Farben deines Baumes haben sich vollkommen verändert. Er zeigt sich dir jetzt in seiner buntesten Pracht. Siehst du, dass die Blätter, die gerade noch grün waren, jetzt in bunten Farben leuchten? Sie sind gelb und rot und einige sind noch grün. Erkennst du auch das strahlende Orange einiger Blätter? Du kannst dich gar nicht sattsehen an den vielen, wunderschönen Farben deines Baumes. Spüre, wie die Rinde unter deinen Fingern sich noch immer ganz warm anfühlt. Dein Baum lebt von der Energie, die er gesammelt hat. Er bereitet sich langsam auf den Winter vor, hat aber die Energie in sich drinnen noch fest gespeichert. Mit jedem Regenschauer stillt er seinen Durst und füllt seinen Stamm mit neuer Kraft auf. Auch du hast die Möglichkeit, dich jeden Tag aufs Neue mit frischer Kraft zu füllen.

Mache es wie der Baum. Erkenne all das Schöne, was das Leben dir bietet, und speichere es in dir ab. Siehe die schönen, bunten Farben, erkenne neue Düfte, spüre Neues unter deinen Fingern. Lerne neue Geschmäcker kennen und teste dich selbst aus. Wachse an dir selbst und an deinen Erfahrungen und speichere den Stolz auf dich selbst tief in dir ab. Denn dann hast du zu jeder Zeit die Möglichkeit, auf diesen Schatz aus Kraft und Energie zurückzugreifen – ganz genauso wie dein Baum, der in seiner ganzen Leuchtkraft vor dir steht.

Streiche ein letztes Mal über die Rinde deines Baumes, bevor du deine Uhr in die entgegengesetzte Richtung drehst. Du brauchst nicht jede einzelne Umdrehung rückgängig machen, denn deine magische Uhr weiß ganz genau, in welche Zeit sie dich zurückbringen muss. Drehe also das Rädchen einige Male, bis du wieder in deinem Bett liegst.

Spüre die Decke, die dich wie die Blätter deines Baumes zudecken. Spüre das Kissen, das sich anfühlt wie das Nest, welches in der Baumkrone war. Spüre die Matratze, in die du einsinkst, wie die Wurzeln des Baumes in der Erde. Du bist fest mit der Erde verankert und gleichzeitig hast du die Möglichkeit, hoch hinauszuwachsen, wie die Zweige des Baumes, die in den Himmel ranken. Spüre die Schwere und die Ruhe, die der Baum auf dich übertragen hat. Du weißt, dass er fest und stetig am gleichen Ort steht.

Auch du darfst jetzt ganz einfach sein, genauso wie dein Baum. Halte deine Augen geschlossen und schlafe ein. Gehe langsam hinüber ins Land der Träume, aus denen du neue Kraft für den morgigen Tag schöpfen kannst.

Gute Nacht, Jahreszeitenwandler.

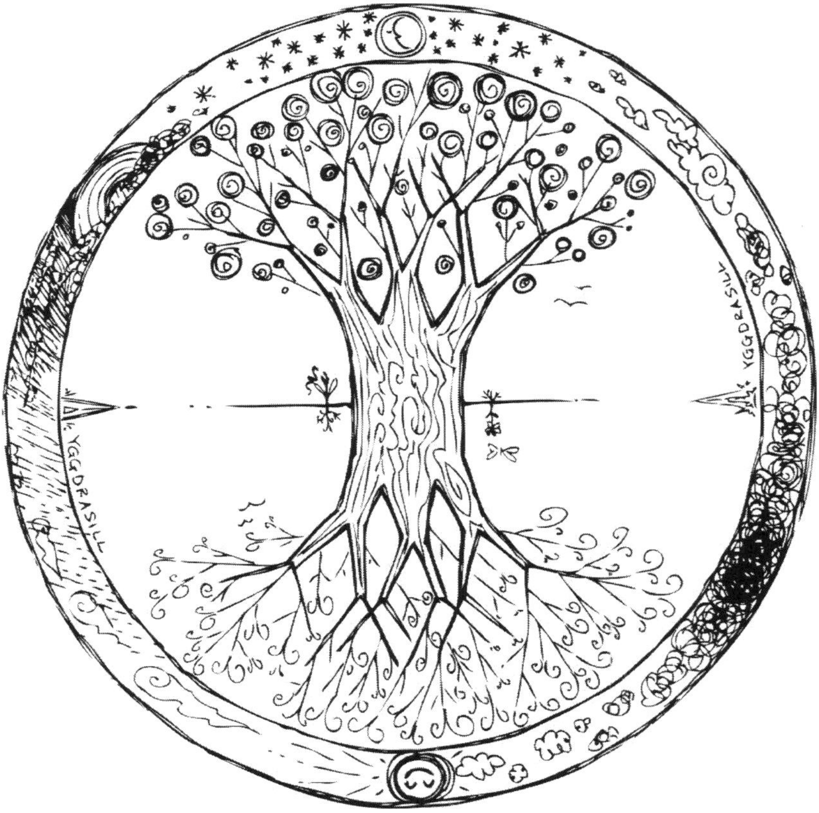
YGGDRASILL
YGGDRASILL

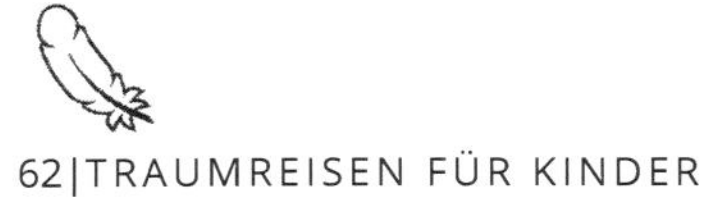

DINOFORSCHER

Es ist Abend geworden und das Blau des Himmels wurde von einem Rot-Orange und dann von einem Dunkelblau abgelöst. All die Bäume, die Blumen und alle anderen Pflanzen und auch alle Tiere gehen langsam schlafen. Auch für dich ist es nun Zeit, den Tag hinter dir zu lassen und ins Traumland zu gehen. Lege dich dafür so hin, dass es sich richtig gemütlich anfühlt. Kannst du noch etwas in deinem Zimmer sehen oder ist es ganz und gar dunkel? Falls ein kleiner Lichtschein dein Zimmer erfüllt, schaue dich doch für heute noch ein letztes Mal um. Siehst du, dass all deine Spielzeuge schon schlafen gegangen sind? Ganz ruhig liegen sie da, müde vom Spielen und eurem gemeinsamen aufregenden Tag. Dein Kindergartenrucksack oder Schulranzen liegt vielleicht in der Ecke und wird für heute nicht mehr gebraucht.

Über all deine Sachen ist die Nacht gekommen und für heute ist nichts mehr wichtig. Spüre nun dein kuschelweiches Bett, in dem du liegst und das heute Abend als einziges Möbelstück in deinem Zimmer noch eine Aufgabe hat – nämlich dich warm zu halten und in den Schlaf zu wiegen. Spüre deinen Körper und wie er in deinem Bett liegt. Schmiegt er sich an die Matratze unter dir an? Wird er vollkommen von der Decke umschlossen? Welche Bereiche deines Körpers schauen unter der Decke hervor? Dein Kopf? Deine Hände oder Füße? Oder vielleicht beide Beine? Spüre einmal gut nach, welche deiner Körperstellen von der Decke eingemummelt werden und welche noch die Freiheit suchen. Spürst du die Ruhe, die dich hier und jetzt in deinem Bett überkommen darf? Ganz sanft legt sie sich über dich und lullt dich mit ihrer schweren Wärme ein. Die Zeit ist gekommen, in der du die Gedanken an den Tag abgeben darfst. Es ist dabei völlig egal, welche Gedanken es sind. Alles, was dir in diesem Moment einfällt, darf für heute Abend fortfliegen. Denn heute Abend ist nichts wichtig, außer der Schlaf und die Träume, die ihn begleiten werden.

Stelle dich in deinen Gedanken an dein geöffnetes Fenster, damit du dich von all deinen Gedanken verabschieden kannst. Halte dabei ein Päckchen Zauberseifenbla-sen in deiner Hand. Öffne langsam den Drehverschluss und wirf einen Blick in die Dose. Die Seifenflüssigkeit sieht ganz genauso aus, wie du es von anderen Seifenblasen kennst. Doch das bleibt nicht lange so. Denn wann immer du gleich deine Seifenblasen fortpustest, wird sich ein Moment des Tages oder ein Gedanke darin befinden. Er wird sich an den Wänden der Seifenblase widerspiegeln und sanft in den Nachthimmel davonfliegen. Stelle dir hierfür einige Momente des heutigen Tages vor. Was ist dir heute alles passiert? Ist es etwas, was schön war, oder etwas, was dich nicht besonders erfreut hat? Sammle die Augenblicke und puste das erste Mal in den kleinen Ring. Sieh, wie die Seifenblase groß und größer wird. Wenn sie sich vom Stäbchen löst, schaue ihr nach, während sie davonfliegt. Sieh deine Tagesmomente in der schimmernden Wand der Seifenblase. Wenn sie am Himmel verschwunden ist, tauche den Ring erneut in die Flüssigkeit. Denke an weitere Momente des Tages und puste sie fort von dir. Nimm dir dafür ein wenig Zeit, damit du so viele Augenblicke wie möglich erfasst. Und nun puste sie fort. Ein letztes Mal. Tunke den Ring in die

Flüssigkeit und denke dabei fest an Augenblicke, die für heute weichen dürfen. Hol tief Luft und puste deine Seifenblase groß und größer und noch ein bisschen größer und schicke sie dann in die Nacht hinaus. Du bist nun losgelöst von den Momenten des Tages und völlig frei für eine wunderbare Reise, die dich in den Schlaf begleitet. Tauche dafür deinen Seifenblasenring ein letztes Mal in die Zauberflüssigkeit und hol noch einmal tief Luft. Puste deine Seifenblase gut auf. Sie darf richtig, richtig groß sein, wenn sie sich von deinem Pustering löst.

Doch diese Seifenblase entweicht nicht in den Himmel, sie bleibt hier stehen, ganz genau vor dir. Deine Zauberblase schimmert vor sich hin und lässt ein Bild vor deinem inneren Auge entstehen. Sieh, wie sich aus den flirrenden Farben magische Bilder entwickeln. Sieh dir die hohen Dschungelbäume an. Du bist dir sicher, noch nie so hohe Bäume gesehen zu haben.

Es sind Mammutbäume, die höchsten Bäume der Welt, und sie ziehen deinen Blick magisch an. Ihre großen Blätter sind dick und fleischig und du bist dir sicher, ihren süßlich-erdigen Duft riechen zu können. Atme einige Male tief ein und aus. Ein ... du siehst die Bäume an der Wand der Seifenblase. Und wieder aus. Ein ... die Seifenblase scheint dich in ihr Inneres zu ziehen. Und wieder aus. Ein ... du bist ganz von der Magie der Mammutbäume gefangengenommen, die nun hoch zu deinen Seiten aufragen. Und wieder aus. Sieh dir die Bäume nun noch einmal hier vom Boden aus an. Sie wachsen um dich herum in die Höhe und die Stämme sind so dick, dass du niemals deine Arme um sie schlingen könntest. Selbst du und deine ganze Familie könnten die gewaltigen Stämme nicht umschließen.

Wo auch immer du hinschaust, siehst du die riesigen Bäume, die so kräftig und mächtig wirken, wie du es noch nie zuvor empfunden hast.

Wie du so im Mammutbaumwald stehst, spitzt du die Ohren. Denn weit weg, aus einer Richtung, die du noch nicht deuten kannst, hörst du das Auftreten großer Füße. Du weißt, dass es sich um etwas Mächtiges handeln muss, weil das Knacken und Knirschen der Äste und Zweige ganz deutlich zu hören ist. Doch du weißt auch, dass du vollkommen sicher bist – schließlich handelt es sich hier um deine eigene Seifenblasenwelt, in der alles gut und geborgen ist. Langsam erkennst du, aus welcher Richtung das Geräusch kommt.

Drehe dich in die entsprechende Richtung und gehe auf die Laute zu. Lausche, wie sie lauter werden, während du den Geräuschen näherkommst, und gehe weiter darauf zu. Vor dir in der Ferne entdeckst du eine Lichtung, auf der keine Mammutbäume wachsen. Gehe auf sie zu, um zu entdecken, welches Wesen die Geräusche macht. Siehst du den Körper, der auf der Lichtung vor dir aufragt? Es ist ein großes Tier, auf vier Beinen und mit einem langen Schwanz, der auf der Erde liegt. Das Tier hat einen langen Hals und zupft genau in diesem Moment die dicken Blätter der Mammutbäume ab. Mit einem wohligen Schnauben zerkaut es die Blätter und schaut genau in diesem Moment in deine Richtung. Gehe nun langsam auf den großen Dinosaurier zu, der dich mit seinen wunderschönen Augen ansieht. Du weißt, dass er nur Pflanzen frisst und ein sehr friedliches Tier ist. Als du bei ihm ankommst, senkt der Dinosaurier seinen Kopf nach unten und schnuppert vorsichtig an dir. Er möchte dich erst einmal kennenlernen und du jauchzt

erfreut auf, als du das kitzelige Schnuppern spürst. Strecke langsam eine Hand nach dem Tier aus, um ihm über den Kopf zu streicheln. Siehst du, wie dein Dino die Augen schließt und wohlig erschaudert? Ganz sicher hat er auf dich als seinen Begleiter gewartet.

Nun macht dein Dino etwas, womit du niemals gerechnet hättest. Er legt den Kopf vor dir auf dem Boden ab. Ob er dich bittet, über seinen Hals auf seinen Rücken zu steigen? Und tatsächlich: Als du vorsichtig den ersten Fuß auf den Hals des Tieres setzt, hebt es den Kopf ganz langsam, sodass du wie auf einer Rutsche in Richtung des Rückens rutschst. Halte dich gut an der Haut des Dinos fest, denn sein Körper ist ganz glatt. Behutsam hebt dein Dino den Kopf nun ganz, sodass der Rücken, auf dem du sitzt, noch weiter in die Luft gehoben wird. Hast du schon einmal etwas so Wundervolles gesehen? Von dieser Position aus siehst du die mächtigen Mammutbäume nicht mehr von unten. Du kannst mitten in die Baumkronen hineinsehen, so groß ist das Tier, auf dem du jetzt sitzt. Dein Dino geht ein paar Schritte voran und du hast das Gefühl, mit ihm gemeinsam über dich hinauszuwachsen.

Stolz durchflutet deinen Körper – denn wer kann schon von sich behaupten, dass er einmal auf einem riesigen Dino gesessen hat? Dein Dino nimmt dich mit auf eine Reise auf seinem Rücken und ihr geht nun mitten in die dichten Bäume des Mammutbaumwaldes hinein. Manchmal musst du den Kopf in Richtung des Dinos senken, damit du nicht in den Baumkronen hängenbleibst. Spürst du, wie schön es sich anfühlt, wenn dein Dino sich unter dir bewegt? Du schaukelst auf und ab und es fühlt sich wunderschön an. In manchen Momenten spitzt die Sonne zwischen den Bäumen hindurch und wärmt dich mit ihren goldenen Strahlen. Und ehe du dich versiehst, führt dein Dino dich zu seinem Zuhause. Vor euch ragt ein riesiger Berg auf, der von innen hohl zu sein scheint.

Der Eingang zu dieser gigantischen Höhle liegt genau vor euch. Weder du noch dein Dino müssen den Kopf einziehen, so groß ist die Öffnung mitten in den Berg hinein. Das Abendlicht der Sonne durchflutet die Höhle, die ihr nun betretet. Dein Dino gibt einen Laut von sich. Fast hört es sich so an, als würde er eine Begrüßung rufen. Und tatsächlich scheint genau das der Fall zu sein. Denn nicht weit entfernt hörst du nun die Bewegungen, die die anderen Tiere machen. Einer nach dem anderen scheint aufzustehen und näher zu dir zu kommen. Siehst du die Dinos, die langsam um die Ecke der Höhle kommen? Es sind vier, fünf, sechs Dinos, die auf euch zukommen und anfangen, dich zu beschnuppern. Sie alle sehen ganz genauso aus wie dein Dino. Du lässt dich vom Rücken deines Dinos über den Schwanz hinuntergleiten und landest sachte auf dem Fußboden. Ein hallendes Geräusch ertönt beim Aufkommen.

„Hallo“, sagst du laut und deine Stimme hallt als Echo von den Wänden wider. Die Tiere stehen im Kreis um dich herum und beobachten, was du als nächstes tust. Du gehst zur Höhlenwand und fasst sie mit deinen Fingern an. Anders, als du gedacht hättest, ist die Steinwand ganz warm von der Sonne. Spüre, wie die Wand deinen ganzen Körper immer wärmer und schwerer werden lässt. Dein heutiges Abenteuer macht dich stolz und gleichzeitig schläfrig. Doch bevor du einschläfst, möchtest du noch ein wenig weiter mit deinen Dinofreunden die Höhle erkunden. Gemeinsam geht ihr ein wenig tiefer hinein. Siehst du, wie gewaltige Steintropfen von oben

und von unten aus der Höhle emporragen? Im Laufe der Jahrhunderte sind sie entstanden und geben nun ein prächtiges Bild ab. Einer der Dinos leckt einen der Gesteinstropfen ab. Als du näher hinsiehst, erkennst du, dass Wassertropfen an ihnen entlanglaufen. Einen davon fängst du mit deinem Finger auf. Er fühlt sich wie warme Milch auf deiner Haut an und sieht wunderbar lecker aus. Schmecke, wie er sich auf deiner Zunge anfühlt. Hast du schon einmal so etwas Wunderbares gekostet?

In dem Moment, in dem der Tropfen deine Zunge berührt, beginnt es um dich herum, zu flirren. Du weißt, dass es Zeit ist, nach Hause zu gehen, und siehst, wie sich das Flirren in deine Seifenblase verwandelt. Nun siehst du wieder von außen darauf. Du siehst die Höhle, in der du eben noch gestanden hast, und die Dinos, die in deine Richtung schauen. Es kommt dir so vor, als würden sie dich sehen, wie du von außerhalb der Seifenblase auf sie hinabsiehst. Winke ihnen noch ein letztes Mal zu, bevor du wieder in deinem warmen, weichen Bett liegst. Du kannst sehr stolz auf dich sein. Denn du hast eine große Dinofamilie in ihrem Zuhause angetroffen. Du bist auf einem Dino geritten und hast die Tropfen der Tropfsteinhöhle aus der Steinzeit probieren können. Wenn dich deine Dinos gleich in deine Träume hineinbegleiten, kannst du jedem Einzelnen von ihnen Namen geben. Und das nächste Mal, wenn du dich auf die Reise ins Dinoland machst, kannst du ihnen deine Namensvorschläge nennen. Ganz bestimmt werden sie sehr glücklich damit sein.

Und jetzt sinke sacht ins Reich der Träume, kleiner Dinoforscher.

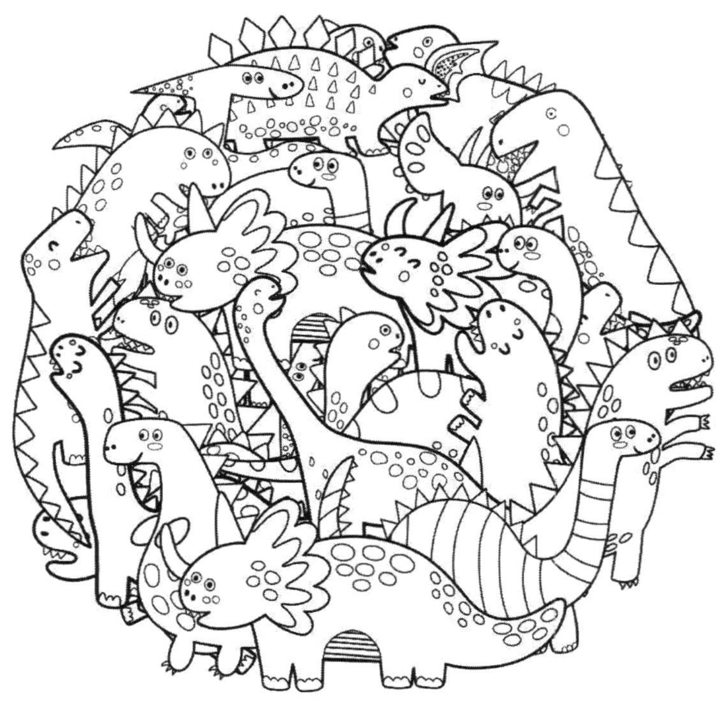

EINMAL ZUM MOND UND WIEDER ZURÜCK

Hast du den Nachthimmel schon einmal von ganz nahem gesehen? Bist du schon einmal auf dem Mond entlangspaziert und hast mit den Sternen getanzt? Vielleicht hast du auch schon einmal das leuchtende Rot des Mars unter deinen Füßen gespürt und hast einen Schluck von der Milchstraße getrunken. Falls es nicht so sein sollte, wird es aber Zeit. Heute Abend hast du die Möglichkeit, all das zu tun. Denn heute Abend verwandelst du dich in einen Astronauten mit der Fähigkeit, im Weltall alles zu entdecken, was du gerne möchtest. Schließe dafür nun zuerst deine Augen. Verabschiede dich von dem vergangenen Tag. Alles, was heute geschehen ist, liegt hinter dir. Nichts ist mehr wichtig. Was du noch erledigen oder regeln möchtest, hat bis morgen Zeit und darf losgelassen werden.

Spüre, wie dich die Gedanken an den heutigen Tag verlassen. Der heutige Tag mit all seinen Momenten ist vergangen. Spüre die Sicherheit deines warmen Bettes. Du bist ganz und gar eingekuschelt und nimmst die Wärme deiner Bettdecke mit auf die Reise, auf die du nun gehst.

Um ins Weltall zu fliegen, brauchst du als Erstes einmal eine Rakete. Erkennst du sie, wenn du in deinen Gedanken aus deinem Zimmerfenster hinaussiehst? Während sich all deine Tagesmomente verflüchtigt haben, muss sie lautlos dort gelandet sein. Gehe näher hin und schau dir deine Rakete gut an. Sie ist so groß, dass du gerade so hineinpasst. Sie ist ganz alleine für dich, um dich auf eine zauberhafte Reise mitzunehmen. Noch während du deine Rakete ansiehst, öffnet sich die Einstiegsklappe, sodass du bequem von deinem Fenster aus in die Rakete steigen kannst. Tritt ein und setze dich hin, während du das weiche Kribbeln der startenden Rakete unter dir spürst. Langsam steigt sie hoch und immer höher in den Himmel auf.

Als du an deinem Körper hinuntersiehst, erkennst du, dass du noch deine Schlafkleidung trägst. Doch das ist völlig in Ordnung. In deinen Gedanken benötigst du keinen Raumanzug. Dir reicht deine Schlafkleidung, denn du weißt, dass die Wärme, die du aus deinem Bett mitgenommen hast, dich muckelig warm halten wird.

Wirf einen Blick aus dem Fenster. Du winkst deinem Zuhause von oben zu und siehst, wie die Welt unter dir kleiner und immer kleiner wird, bis sie schließlich nur noch ein winziger Punkt ist. Du bist nun im Weltall angekommen und kannst bereits den Mond erkennen. Du bist schon so nah, dass er bereits dichter an dir ist als die Erde. Nur wenige Augenblicke später setzt deine Rakete mit einem leisen Ruckeln auf dem Untergrund des Mondes auf. Die Einstiegsklappe öffnet sich wieder und du trittst aus der Rakete heraus. Als Erstes fällt dir auf, dass die Luft hier oben völlig klar ist. Du atmest sie tief ein und schöpfst neue Kraft für deine bevorstehende Reise.

Deine Füße berühren nun den Mond und du fühlst dich von allen Lasten befreit. Gehe einige Schritte auf dem Mond hin und her. Erkennst du, an welchen Stellen er von der Sonne beleuchtet ist? Während der Mond an sich ein kugelrunder Ball ist, sind heute

Nacht nur einige kleine Teile von ihm beleuchtet. Das ist das Leuchten, das du unten auf der Erde immer sehen kannst. Der Teil des Mondes, der im Dunkeln liegt, ist von der Erde aus nicht zu sehen. Finde die Linie, an der das Leuchten des Mondes in den dunklen Teil übergeht. Magst du ein wenig auf dieser Linie balancieren?

Schau! Die Hälfte deines Körpers ist in diesem Moment im Schatten und die andere wird von der Sonne beschienen. Wenn du möchtest, gehe noch ein wenig länger auf der Sonnenlinie entlang. Siehst du die Sonne in der Ferne, wenn du den Kopf hebst? Ganz hinten, weit hinter der Erde ist ein Teil von ihr in der Ferne zu sehen. Schaue ihr noch einen Moment zu, denn in diesem Moment scheint sie nur für dich ganz allein. Spüre ihre warmen Strahlen auf deinem Gesicht und strecke auch deine Arme in ihre Richtung, damit sie gut durchwärmt werden. Genieße den Moment, der nur für dich gemacht ist. Ich zähle bis zehn. So lange hast du Zeit, einfach nur hier auf der Sonnenlinie des Mondes zu stehen und das Abendlicht zu genießen. Eins ... Zwei ... Drei ... Vier ... Fünf ... Sechs ... Sieben ... Acht ... Neun ... Zehn.

Drehe der Sonne nun den Rücken zu, um zu entdecken, was du noch alles im Weltall finden kannst. Siehst du den Stern, der sich scheinbar genau in deine Richtung gedreht hat? Er leuchtet besonders hell und sieht so aus, als würde er dich mit Absicht anblinken. Und wenn du ganz genau hinsiehst, erkennst du, dass dieser Stern dich mit einem seiner gelben Zacken zu dir winkt. Ein Lächeln breitet sich auf deinem Gesicht aus. Denn du hattest dir ja vorgenommen, mit einem Stern zu tanzen. Steige für einen kurzen Überflug wieder in deine Rakete ein.

Ganz sicher und sanft trägt sie dich zu dem Stern, der schon sehnlichst auf dich gewartet hat. Als du aussteigst, reicht der Stern dir eine seiner Zacken. Du hältst dich fest und reichst dem Stern auch deine zweite Hand. Vorsichtig zieht der Stern dich zu sich herüber. Er hält dir auch seine unteren beiden Zacken hin, auf die du deine Füße stellen kannst. Wie ein Tanzpartner ist der Stern dir nun gegenüber. Als er seine Zacken hin und her wippt, gehen auch deine Hände und Füße ganz automatisch mit ihm. Ganz langsam wiegt sich der Stern mit dir gemeinsam im Kreis herum. Du fühlst dich vollkommen wohl und bist ganz sicher bei dem Stern geborgen, mit dem du schunkelst und schaukelst, bis er schließlich ganz und gar mit dir zum Stehen kommt. Bleibe noch ein wenig länger in dieser Position und komme ganz und gar zur Ruhe.

Schaue deinen Stern noch einen Moment an. Er blinkt fröhlich vor sich hin und du bist dir sicher, dass ihm euer gemeinsames Tänzchen ganz genauso gutgetan hat wie dir selbst. Nicke deinem Stern ein letztes Mal zu, um ihm zu zeigen, wie gut dir dieser Moment getan hat. Du wirst ihn für immer als Erinnerung in deinem Herzen behalten können. Und ganz bestimmt wird auch dein Stern diesen Augenblick nicht vergessen.

Steige nun wieder in deine Rakete ein, damit sie dich zum nächsten Ort tragen kann. Von hier aus erkennst du bereits das satte Rot des Mars, der nicht weit von dir entfernt ist. Zeige auf ihn, damit deine Rakete weiß, wohin sie dich bringen darf. Du spürst kaum, wie sie losruckelt, als ihr auch schon auf dem Planeten ankommt. Als du aussteigst, spürst du die angenehme Hitze, die vom Mars ausgeht. Hier ist es sehr viel wärmer als auf dem Mond und ein angenehmer

Schauer läuft durch deinen ganzen Körper. Erkennst du die tiefen Krater, die im Mars sind? Fast sieht es so aus, als hätte irgendjemand vor tausenden von Jahren Löcher in die runde Oberfläche des Planeten gestanzt. Stelle dich an den Rand eines solchen Kraters und schaue einmal in die Tiefe. Ganz bestimmt ist es schön, einmal am Rand des warmen Planeten in einen Krater hineinzurutschen. Setze dich dafür hin und spüre, wie die Wand des Mars in die Tiefe geht. Sieh hinunter, wie du deine Beine über ebendiesen Rand wippen lässt. Spürst du die Wärme des Planeten an deinem Po und der Rückseite deiner Beine? Du weißt, dass du beim Rutschen ganz weich landen wirst, denn du rutschst lediglich in eine Mulde hinein. Rücke nun auch mit deinem Po über die Kante und in die Tiefe hinab.

Spüre, wie du immer schneller und schneller wirst und schließlich ganz unten in der Mulde des Kraters zum Stehen kommst. Ein Gefühl von Freiheit überkommt dich. Du fühlst dich vollkommen befreit und ganz und gar schwerelos. Lege dich für einen Moment in die Mulde des Kraters und genieße das Gefühl, rein gar nichts tun zu müssen. Hier oben darfst du einfach nur du sein und die Zeit stillstehen lassen. Bleibe einen Moment so liegen und lausche deinem eigenen Herzklopfen. Spüre deine Atmung, die sich langsam von der Aufregung beruhigt. Sie wird langsamer und tiefer und die Spannung des Rutschens weicht einer tiefen, inneren Entspannung.

Du könntest die ganze Nacht hier liegen und dich vollkommen geborgen fühlen. Doch da hörst du schon das leise Geräusch deiner Rakete, die zu dir niederfliegt. Ein weiteres Mal öffnet sie ihre Einstiegsklappe und lässt dich eintreten. Hinter dir schließt sie leise die

Türen und fliegt mit dir aus dem Krater hinaus. Du hast keine Ahnung, wohin sie dich als Nächstes bringen wird, als sie in die Luft steigt. Doch es dauert nur einen kurzen Moment, bis du erkennst, wohin sie dich bringt. Sie bringt dich zu einer Straße aus abertausenden von Sternen.

Es ist die Milchstraße, die sich vor dir ausbreitet. Als du dieses Mal aus der Rakete aussteigst, kannst du dich keinesfalls für einen bestimmten Stern entscheiden. Denn es sind so unendlich viele Sterne vor dir, dass du unmöglich jeden einzelnen von ihnen betreten kannst. Du steigst also ganz einfach auf den ersten Stern, der vor dir liegt, und der nimmt sofort seine Arbeit auf. Er bringt dich in eine liegende Position und umschließt dich mit allen fünf Zacken. Er hält dich sicher in seinen Armen fest und gibt dich an den nächsten Stern weiter. Der tut es ihm gleich und reicht dich ebenfalls an den nächstliegenden Stern. So wirst du in liebevoller Umarmung von einem zum nächsten Stern gereicht.

Sanft gewogen, wanderst du auf diesem Weg die ganze Milchstraße hinauf und wieder hinunter und wieder hinauf und wieder hinunter. Und wie du so daliegst, ganz still und geborgen, werden deine Augen immer schwerer und immer, immer schwerer. Sanft wirst du hin- und hergeschaukelt und du fühlst dich, als würdest du in einem Schaukelbett liegen. In deinem Kopf erklingt eine wunderschöne Schlafmelodie.

Welches Schlaflied fühlt sich in diesem Augenblick richtig für dich an? Ist es ein klingendes Schlaflied, ähnlich glockenhell wie das Blinken der Sterne? Oder ist es warm und tief wie die Wärme des Mars?

Vielleicht ist es auch klar und sanft wie der Schein des Mondes. Es ist dein ganz eigenes Schlaflied und es klingt in deinen Ohren so lange, wie die Sterne der Milchstraße dich auf und ab tragen. In diesem Moment fallen deine Äuglein langsam, aber sicher zu. Dass du noch weiter hin und wieder zurückgetragen wirst, bekommst du längst nicht mehr mit. Du hörst lediglich deine Schlafmelodie, die immer weiter in deinem Kopf erklingt, du spürst das seichte Ruckeln, mit dem die Sterne dich tragen, aber dein Körper schläft bereits tief und fest. Dass die Sterne dich in deine Rakete legen, bekommst du ebenfalls nicht mehr mit. In deinen Träumen bist du weiterhin im Weltall. Auch, dass die Rakete wieder vor deinem Zimmerfenster landet, weißt du schon nicht mehr.

Die starken Arme, die dich aus der Rakete herausheben und in dein Bett bringen, sind ebenso liebevoll und beschützend wie die Sterne, die dich noch vor wenigen Minuten umarmt haben. Sie legen dich ins Bett und wenn du morgen aufwachst, ist es in deinem eigenen Zimmer. Doch in diesem Moment, in dem du bereits schläfst und träumst, darfst du dich im Weltall überallhin bewegen, wo du es möchtest.

Du darfst den Jupiter besuchen und den Saturn, darfst zur Sonne fliegen oder einfach im All umherspazieren. Vielleicht möchtest du auch weiter mit dem Stern tanzen oder auf der Sonnenlinie des Mondes auf und ab gehen. Du darfst darüber entscheiden, was du erkunden möchtest. Und all das tust du in deinem ganz eigenen Traum.

Träume süß, kleiner Astronaut.

Bonus

https://bit.ly/3nxdpE2

QR-Code oder Link zu allen Traumreisen zum Anhören